AI와 음악 산업

AI문고

인공지능 시대입니다. 기계가 인간의 인지를 대신하고, 사물이 인간을 통하지 않고 다른 사물과 직접 커뮤니케이션합니다. 이에 따른 인간 삶과 문명 변화를 정확히 이해·예측·대응하는 것은 이 시대 우리 모두의 과제입니다. AI문고는 인공지능 기술과 환경의 여러 주제를 10가지 키워드로 정리합니다. 관련 개념과 이론, 학계와 산업계의 쟁점, 우리 일상의 변화를 다룹니다. 인간과 기술의 현재, 미래를 세심히 분석합니다.

일러두기

- 인명, 작품명, 저서명, 개념어 등은 한글과 함께 괄호 안에 해당 국가의 원어를 병기했습니다.
- 외래어 표기는 현행 어문규정의 외래어표기법을 따랐습니다. 단, '팔로우', '딥러닝' 등 업계에서 굳어진 관행은 그대로 따랐습니다.
- 2023년 대한민국 교육부와 한국연구재단의 공동연구지원사업의 지원을 받아 수행된 연구입니다(NRF-2023S1A5A2A03087249).
- 자료 정리 및 표현 점검 등 보조적 목적에 한해 생성형 AI 도구를 참고하였습니다.

처음이세요?

전문가세요?

AI와 음악 산업

고윤화

대한민국, 서울, 커뮤니케이션북스, 2025

AI와 음악 산업

지은이 고윤화
펴낸이 박영률

초판 1쇄 펴낸날 2025년 4월 30일

커뮤니케이션북스(주)
출판 등록 2007년 8월 17일 제313-2007-000166호
02880 서울시 성북구 성북로 5-11
전화(02) 7474 001, 팩스(02) 736 5047
commbooks@commbooks.com
www.commbooks.com

ISBN 979-11-430-0068-2 03500

책값은 뒤표지에 표시되어 있습니다.

차례

AI 시대, 음악 산업은 어떻게 변화하는가?

21세기 본격적인 디지털 전환이 이루어지면서 인공지능 기술의 발전 속도는 더욱 가속화되고 있으며 적용 범위도 빠르게 확대되고 있다. 엔터테인먼트 분야에서 큰 성공을 거두고 있는 케이팝은 물론 다양한 문화 예술 콘텐츠 산업 분야에 AI 기술의 적용 및 응용 개발이 급속도로 증가하고 있다.

디지털 전환과 AI 기술의 발달: 음악 산업의 구조적 진화

인공지능(人工智能, artificial intelligence, AI)은 단어 뜻 그대로 인간이 지닌 학습 · 추론 · 지각 능력을 인공적으로 구현하려는 컴퓨터 과학의 세부 분야 중 하나이며 앞서 언급한 인간의 고차원 기능을 기계(로봇)가 수행할 수 있도록 하는 기술을 의미한다. 일반적인 동물의 지능, 즉 변화하는 생물 환경에 적응하려는 생존을 목적으로 한 자연적 지능(natural intelligence)과는 차별화된다. 다시 말해, 인공지능 혹은 인공지능 기술은 기본적으로

'인간만이 지닌 고유한 능력'을 다양한 분야에서 구현하기 위한 인간의 '기술적 도전'이라는 데 집중해 볼 필요가 있다.

한편, 일반적으로 '음악(音樂, Music)'은 소리(사운드)를 재료로 한 시간예술이라 정의한다. 좀 더 포괄적으로는 자연의 소리, 즉 새가 지저귀는 소리, 강물이 흘러가는 소리도 음악적이라 표현할 수 있지만, 엄밀히 '음악'은 '인간'에 의해 인위적으로 만들어진 소리의 조합이라 볼 수 있다. 그렇게 볼 때 음악의 역사는 인간의 역사와 그 궤를 함께했으며 인간의 삶과 밀접한 산업 및 기술의 발달과 함께 발전했다고 볼 수 있다.

특히 음악 산업은 테크놀로지 즉 기술의 발전과 함께 지속적으로 변화해 왔다. 19세기 후반 에디슨이 최초 발명한 축음기 포노그라프(Phonograph)이후 에밀 베를리너(Emile Berliner)가 발명한 그라모폰(Gramophone)을 통해 음악을 저장하고 재생하는 기술이 등장했으며 이를 기점으로 본격적인 음악(음반) 산업이 태동하기 시작했다. 축음기(蓄音機)는 음원(音源)을 물리적 형태로 저장하는 최초의 기술 장치였으며, 이후 LP(Long Playing) 레코드가 등장하면서 대중적으로 음악을 유통하는 방식이 발전했다. 1920년대에는 라디오 기술이 발달하고 라디오 관련 기기가 상용화되면서 많은 사람들에게 음악을 실시간으로 전달 가능하게 되었고 이는 음악 산업의 확장과 대중음악의 성장에 중요한 역할을 했다.

20세기 중반 전자음악과 디지털 기술의 발전은 음악 산업에 획기적인 변화를 가져왔다. 신디사이저(Synthesizer), 드럼 머신(Drum Machine), 샘플러(Sampler) 등의 전자악기가 등장하면서 음악 제작 방식은 다변화하기 시작했다. MIDI(Musical Instrument Digital Interface)는 전자악기와 컴퓨터를 연결하는 표준 프로토콜로 정의할 수 있는데 음악 제작 방식을 디지털화하고 다양한 악기 소스(source)와 연동하여 기계에 의한 자동 연주를 가능하게 했다. 이는 전자음악, 록, 힙합 등 다양한 장르의 탄생을 촉진하는 데 주요한 영향을 주기도 했다. 1980년대에는 CD(Compact Disc)가 등장하면서 음악이 디지털 방식으로 저장되고 유통되기 시작했다. 이를 통해 LP, EP(Extended Playing), SP(Standard Playing) 등 기존의 아날로그 레코드보다 더 깨끗한 음질과 편리한 보관이 가능해지기 시작했다.

2000년대 이후 인터넷의 보급과 함께 음악 산업은 급격한 디지털 전환기를 맞이했다. 무형(無形)의 음원인 MP3(MPEG-1 또는 MPEG-2 Audio Layer III) 파일 형식이 등장하면서 냅스터(Napster), 소리바다 등의 P2P 서비스가 대중적으로 널리 쓰이기 시작했다. 이는 음악 청취 및 소비 방식을 변화시키는 계기가 되었지만, 불법 다운로드 문제가 심각해지며 저작권 보호 이슈를 야기했다. 이후 유튜브(Youtube), 스포티파이(Spotify), 애플뮤직(Apple Music)과 같은 스트리밍 중심의 플랫폼이 등장하면서 음악을 '소유' 혹은 '저장'하는 방식보다는 스트리밍(streaming)을 통해 '구독' 혹은 '대여'하는 소비 방식이 증가하기 시작했다.

이후 AI 기술이 음악 산업에 접목되면서 창작, 유통, 소비 방식이 다시 한번 혁신을 맞이하고 있다. 신경망을 활용해 WAV 오디오를 직접 생성하며 특정 아티스트 스타일을 모방하는 오픈AI의 주크박스(Jukebox), MIDI 기반 음악 생성 및 창작 도구를 제공하는 머신러닝 기반의 구글 마젠타(Magenta), 인간과 협업하는 AI 작곡 도구인 소니의 플로머신(Flow Machines) 등, 이제 AI는 작곡과 편곡을 자동으로 수행할 수 있는 수준에 도달했으며 이는 음악 창작의 새로운 패러다임의 전환을 가져왔다. 즉 기술의 발전은 음악 산업의 형성과 변화에 결정적인 역할을 해 왔으며 아날로그 레코딩 방식에서 디지털 스트리밍으로, 그리고 AI 기반 창작과 유통 방식으로의 변화는 음악 산업의 지속적인 혁신과 변화의 요인으로 작용했다.

정리하면 앞서 살펴본 바와 같이 음악 산업의 발달 과정 속에 '디지털 전환'은 중요한 변곡점이 되었다고 볼 수 있다. 아날로그 사운드에 유형의 음반 중심에서 디지털화 이후 음악은 보이지 않는 무형의 음원 중심이 되었으며 음악을 제작하는 방식은 물론 유통, 소비 방식도 다채롭게 변화하기 시작했다. 이러한 디지털 환경 변화 속에 인공지능 기술은 이미 디지털화된 음악 산업 속에 자연스럽게 편입되었다. 음악 사용자(소비자)의 음악 청취 패턴 분석을 통해 음악을 추천해 주는 시스템이 그 대표적 예가 될 수 있다. 세계 최대 음원 및 2.5억 명(2025년 1월 기준) 회원을 보유하고 있는 음악 스트리밍 플랫폼 스포티파이는 유저의 개인 취향을 분석해 플레이리스트(Playlist)를 추천해주는 BaRT(Bandits for Recommendations as Treatments) 알고리즘을 개발 · 적용했는데 이 알고리즘은 음악 추천이 사용자 행동에 미치는 영향을 학습하면서 최적화하는 시스템이며(Hucker Marius, 2021), 특정 추천이 얼마나 효과적인지 스스로 측정하고 탐색(Exploration)과 활용(Exploitation)을 통해 추천조절이 가능하다. 온라인 학습과 추천을 결합한 최적화된 추천 시스템으로 인공지능을 디지털 음악 산업에 활용한 대표적인 성공 사례로 볼 수 있다.

이 책에서는 먼저 디지털 전환 이전에 등장한 인공지능에 관한 연구의 발전 흐름과 디지털화로 인한 음악 산업의 구조적 변화와 특징을 살펴보고 그다음 인공지능 기술이 현재의 디지털 음악 산업에 적용된 산업적 사례와 그 영향에 대해 구체적으로 살펴볼 것이다.

책의 구성 및 내용

이 책은 기본적으로 관련 분야 학습자는 물론 빠르게 진화하는 인공지능 기술이 디지털 시대의 음악 산업에 어떤 영향을 주고 있는지 알고 싶은 모든 이들에게 열려 있다. 먼저 오랜 역사 동안 인간의 고유한 영역으로서 예술적, 미학적 가치를 지닌 음악이 디지털 전환을 통해 산업적 변곡점을 맞이하고 그 이후 인공지능 기술을 통해 어떤 산업적 변화를 가져왔는지 그 주요 양상에 대해 살펴볼 것이다. 나아가 인공지능 기술을 통해 음악의 형태와 기능은 변하지만 디지털 시대를 살아가는 인간의 역할을 돕는 조력자로서의 본래적 산업적 효용성과 향후 미래 가치를 함께 논의할 것이다. 챕터 구성은 디지털 시대에서 인공지능이 음악 산업에 미치는 영향을 포괄적으로 다루는 방식으로 설계되었으며 크게 다섯 개의 파트로 나뉜다.

음악 산업의 디지털 전환과 AI

제1장에서는 음악 산업의 구조적 변화에 초점을 맞춰 생산, 유통, 소비적 차원에서의 변화와 특징을 살펴봄으로서 디지털 전환을 토대로 한 인공지능 기술을 이해하는 기본 틀을 제공할 것이다.

AI 기술이 음악 창작 및 연주에 미친 영향

제2장에서 제4장은 AI가 음악 제작의 다양한 단계(작곡, 연주, 보컬)에 어떻게 활용되고 있는지에 초점을 맞춰 기술한다. 이 파트는 음악의 본질적인 요소 창작과 실연(연주 및 보컬)에 중점을 두고 산업과의 연계성을 다루며 음악 창작에서 AI의 역할이 어디까지 확장되고 있는지를 보여 준다.

AI 기반 음악 소비 경험과 산업 구조의 변화

제5장에서는 AI를 활용한 개인 맞춤형 음악 추천 시스템이 소비자 경험을 어떻게 변화시키는지에 대해 다룬다. 제6장과 제7장은 AI가 음악 교육 관련 산업 및 음악 공연

산업에 미치는 영향을 분석하며, AI가 단순한 창작 보조 도구를 넘어 음악적 경험을 혁신하는 방식에 주목한다.

주요 사례: 케이팝 산업에서 AI 기술 활용

제8장은 AI가 특히 빠르게 도입되고 있는 케이팝 산업을 별도로 다룬다. 글로벌 대중적 인기와 산업적 성공을 거두고 있는 케이팝의 대표적인 주요 엔터테인먼트 기획사들의 인공지능 기술 접목 사례와 최근 케이팝 이슈와 트렌드를 산업적 측면을 포함해 살펴본다.

법적·윤리적 문제 및 미래 전망

제9장에서는 AI 기술의 발전과 확장이 초래한 저작권 및 윤리적 문제를 법적 논쟁과 AI 창작물의 소유권 문제에 대한 이슈를 중심으로 기술한다. 마지막 제10장에서는 AI가 앞으로 음악 산업에 가져올 혁신적인 변화와 미래 가치에 대한 전망을 논의한다.

챕터별 주제와 구체적인 내용은 다음과 같다.

제1장 〈AI와 디지털 전환〉에서는 인공지능 연구의 발전 흐름을 먼저 살펴보고 음악 산업이 기존의 아날로그 음반 중심에서 무형(無形)의 디지털 음원 중심으로 이행

하면서 달라진 산업의 구조적 변화와 주요 특징들에 대해 살펴볼 것이다.

제2장 〈AI와 창작〉에서는 AI 기술을 활용한 작곡과 음악 제작 방식에 대해 알아본다. 국내 대표적인 인공지능 작곡가로 활동 중인 이봄(Evom)을 비롯해 작곡의 AI 보조 도구, 음악 제작, 창작 사례를 구체적으로 살펴볼 것이다.

제3장 〈AI와 연주〉에서는 인공지능이 인간을 대신해 다양한 악기를 연주하는 것을 넘어서 특정 연주자의 스타일을 분석해 유사한 형태의 연주를 구현하며 나아가 인간과 소통하는 '반응형' 연주자로서의 효용에 대해 산업적 이슈를 통해 살펴볼 것이다.

제4장 〈AI와 보컬, 음성 합성 기술〉에서는 딥러닝(Deep Learning) 기반의 음성 합성 기술을 비롯해 커스텀 보이스(Custom Voice, 특정 목소리를 AI로 학습해 생성 및 합성) 및 음악(곡)에서의 AI 보컬 생성에 대해 알아본다. 세계적으로도 인정을 받고 있는 국내 인공지능 음악 관련 산업체와 주력 개발 요소들에 대해서도 함께 다뤄 볼 것이다.

제5장 〈AI와 음악 추천 알고리즘〉에서는 사용자 기반의 빅데이터를 활용한 음악 추천 시스템과 한 단계 나아

가 인공지능의 딥러닝을 통한 개인 맞춤형 플레이리스트와 유사 콘텐츠 추천에 대해 알아본다. 이를 통해 리스닝 취향의 변화와 산업적 효용에 대해서 다룰 것이다.

제6장 〈AI와 음악 교육〉에서는 디지털화 이후 음악 교육 분야에서 더욱 활용도가 증가하고 있는 인공지능의 활용 분야 즉 개인 학습자의 맞춤형 교육, 실시간 피드백 제공, 창의적 음악 창작 지원 등의 사례를 살펴본다. AI 기반의 음악 교육 시스템의 원리, 활용 사례, 교육적 효과 및 한계점에 대해서도 함께 논의한다.

제7장 〈AI와 음악 콘서트 공연〉에서는 레코딩된 음반 외에 라이브 무대, 공연에서도 활용도가 커지고 이는 인공지능 기술의 양상과 변화를 살펴본다. 온라인 및 오프라인 공연장에서의 인공지능의 활용과 산업적 연관성을 함께 다뤄 본다.

제8장 〈AI와 케이팝〉에서는 AI 커버곡과 AI가 제공하는 다양한 음악 샘플과 음원을 활용해 만들어지는 케이팝 음악 제작 시스템, 버추얼 아이돌과 가상세계의 등장, 팬덤 맞춤형 관리 등 이러한 현상들이 실제 산업적으로는 어떤 영향을 주고 있는지 함께 살펴본다.

제9장 〈AI와 저작권〉에서는 인공지능이 만든 곡의 실제 저작권자는 누구이며 곡의 로열티(royalty)는 누구에

게 지급되어야 하는지, 또 그 기준은 무엇을 근거로 해야 할지와 관련해 구체적인 법적 제도 마련의 필요성과 문제점, 개선점 등을 함께 살펴본다.

제10장 〈AI와 음악 산업의 미래 가치〉에서는 디지털화 이후 음악의 생산(제작) 방식은 물론 유통, 소비(향유) 방식에도 다양한 변화를 가져온 인공지능 기술의 산업적 효용과 향후 미래 가치를 논의할 것이다.

당연한 말이지만 인류 역사상 모든 산업과 기술의 발달은 '역행'하지 않았다. 19세기 초 영국에서 발생한 '러다이트(Luddite) 운동'을 생각해 보자. 당시 산업과 기계 자동화로 인해 일자리를 잃은 노동자들은 기계의 발달을 거부하고 파괴하는 사회 운동을 일으켰으나 오래 지속되지 못했다. 지금의 상황과 비교하면, 디지털화 이후 무형의 음원 파일이 등장하면서 이전의 '음반' 중심 관련 산업이 위축되고 수익이 크게 줄면서 한때 다시 음반 산업 중심으로 돌아가야 한다는 주장이 등장하기도 했다. 그러나 기술의 발달과 산업의 방향은 역행하지 않았다. 그리고 이후 디지털 음원을 중심으로 한 음악 산업 글로벌 매출은 IFPI(International Federation of the Phonographic Industry, 국제음반산업협회) 자료에 의하면, 2015년을 기점으로 다시 증가세를 보이며 빠르게 회복하기에 이르렀다(IFPI, 2024).

한편 인공지능 기술의 활용은 음악 산업에 긍정적 효과도 주었지만 부정적인 측면도 분명 존재한다. 그럼에도 기술의 발달과 음악 산업에의 적용과 활용 분야는 더욱 증가하고 있다. 그렇다면 이제 앞으로 인공지능 기술을 어떻게 잘 활용할 것인지가 주요 관건이라 할 수 있으며 이에 대한 다각도의 고민이 필요한 시점이다. 이 책은 그러한 측면에서 디지털 시대 이후 음악 산업의 변화와 인공지능 기술의 활용과 관련 동향을 비교적 짧은 시간 안에 파악하고 미래의 방향성을 함께 고민하는 데 조금이나마 도움을 주고자 기획됐다. 모쪼록 필자가 의도했던 바에 부합되는 작은 안내서가 되어 주길 바란다.

참고문헌

International Federation of the Phonographic Industry(2024). Global music report 2024: State of the industry. Retrieved January 20, 2025. https://ifpi-website-cms.s3.eu-west-2.amazonaws.com/IFPI_GMR_2024_State_of_the_Industry_db92a1c9c1.pdf

Marius, H.(2021.11.24). Uncovering How the Spotify Algorithm Works. Medium. Retrieved 2025.2.10. https://medium.com/towards-data-science/uncovering-how-the-spotify-algorithm-works-4d3c021ebc0

01
AI와 디지털 전환

AI에 관한 연구는 1950년대 시작되었으나 21세기 디지털 환경 변화를 통해 기술적 효용이 증가하며 빠르게 발전했다.
한편 아날로그 시대에서 디지털 시대로 이행하면서 음악 산업은 큰 변화를 겪었다.
유형의 음반에서 무형의 디지털 음원 중심으로, 앨범 단위에서 트랙(곡) 단위로 변화하기 시작했으며 음악의 생산(제작), 유통, 소비 측면에서의 산업적 구조 전환을 가져왔다.

AI와 1인 창업?

인공지능 연구의 발달과 '디지털 전환'

일반적으로 인공지능 기술의 발달을 디지털 기술의 발달과 동일선상에 놓고 보는 경향이 있으나 실제 AI 기술에 대한 연구는 디지털화 이전부터 시작됐다. 이미 알려진 바와 같이 1950년대 영국의 수학자 앨런 튜링(Alan Turing)은 "Computing Machinery and Intelligence"라는 제목의 논문 발표를 통해 기계의 (인간) 지능적 학습 능력과 사유의 가능성에 대한 '튜링 머신' 개발을 시도했다. 이 도전은 오랜 시간이 흘러 향후 디지털화의 초석이라 할 수 있는 컴퓨터 구조의 표준 모델이 되었으며 이를 인공지능의 최초 시작점으로 보고 있다.

이후 존 매카시(John McCarthy, 1927~2011)를 중심으로 마빈 민스키, 너새니엘 로체스터, 클로드 섀넌 등의 과학자들이 다트머스 학회를 조직해 인공지능 연구를 공식적인 학문으로 간주하기 시작했는데, 당시 매카시는 '인공지능(Artificial Intelligence)'이란 용어를 처음으로 사용했다(1956). 이 시기를 기점으로 인공지능 연구는 급속히 증가했지만 디지털화 이전 시기의 초기 작업은 간단한 문제 해결과 상징적인 방법을 찾아내는 정도에 그쳤다. 이후 미국 코넬대학의 심리학자 프랭크 로젠블랫(Frank Rosenblatt, 1928~1971)은 원시적인 인공

신경망 이론에 '학습'이라는 개념을 추가한 퍼셉트론(Perceptron: 뇌신경을 모사한 인공 신경 뉴런) 이론을 개발 및 주창하면서 관련 연구가 잠시 활기를 띄기도 했다. 하지만 미국 국방부의 연구 자금 중단 사건과 영국의 라이트 힐 경의 부정적 언급(인간의 복합적이고 예측 불가능한 경우의 수를 인공지능이 대체할 수 없음을 언급) 등의 분위기로 잠시 위기를 맞기도 했다.

1960년대에는 기존의 이진 논리(참 혹은 거짓)에서 벗어나 근사치나 주관적 값을 사용하는 규칙들을 생성했다. 부정확한 수치를 표현 가능하다고 주장한 로트피 자데(Lotfi A. Zadeh) 교수의 퍼지(Fuzzy) 이론과 확장된 개념의 퍼지 시스템은 영국의 런던대학 브라힘 맘다니 교수가 추진한 증기기관 제어 적용에 성공하며 인공지능을 대표하는 기술로 자리매김했다. 이 성공은 한동안 미국의 기업들로부터 적극적인 투자를 받았으나 1970년대에 이르러 인공지능은 또다시 비판의 대상이 되었고 방대한 관리와 투자 대비 효용성의 한계를 마주하며 재정적 위기에 직면했다.

1970년대 후반 인공지능 개발에 대한 좋지 않은 인식에도 불구하고 논리 프로그래밍, 상징 추론 등 다양한 영역에서의 도전과 아이디어는 계속되었다. 1980년대에

들어서면서 본격적인 산업의 발달, 전문가 시스템(지식과 경험의 데이터베이스화, 의사 결정 엔진의 개발, 사용자 인터페이스 등)이 도입되면서 다시 활기를 되찾았으나 1980년대 후반 애플, IBM의 데스크탑 컴퓨터의 성능이 급격히 좋아지면서 전문가 시스템과 AI 하드웨어 시장이 갑자기 무너지기 시작했고 인공지능의 두 번째 암흑기(1980년대 후반에서 1990년대 초반의 시기를 'AI 윈터'라고 칭함)가 도래했다.

이후 로드니 브룩스(Rodney Brooks)를 중심으로 한 로봇 공학 분야 연구자들은 인공지능에 대한 완전히 새로운 접근 방식을 주장했다. 실제 지능을 보여 주려면 기계에도 '몸통'이 필요하다는 점을 언급하며 그들은 감각 운동 기술은 상식적인 추론과 같은 더 높은 단계의 기술이 필요하다고 언급하며 기존의 심볼 처리 모델을 거절하고 몸통은 필수적이라는 '체화된 마음(embodied mind) 이론'을 주장했다. 1990년대에는 과거보다 더욱 정교한 수학적 도구를 사용하고 개발하기 시작했으며 '지능형 에이전트'라 일컫는 새로운 패러다임이 등장했다 . AI 연구자들에 의해 최초로 개발된 알고리즘은 사회의 어려운 문제들을 해결하기 시작했고 데이터 마이닝, 산업 로봇공학, 논리, 음성 인식, 은행 소프트웨어, 의학적 진단, 검색 엔진 등 기술 산업을 통해 그 유용성이 증명됐다. 아울러 이 시기에는 인공지능 모델에 공격을 가하는 형태의 '모델 추출 공격(Model Extraction Attack)', '모델 역추적 공격(Inversion Attack)' 등이 등장하면서 AI 보안 문제가 중요한 이슈로 제기되기도 했다.

2000년대에 들어서 힌턴 교수에 의한 딥러닝 기술 개발(Deep Belief Network 기반)이 실용화 가능성을 보이기 시작했는데 이는 디지털화가 본격적으로 시작된 시점과 맞물린다. 2012년, 힌턴 교수의 제자인 알렉스 크리젭스키(Alex Krizhevsky)가 이미지넷(ImageNet) 대회에서 딥러닝 알고리즘을 사용하여 압도적인 성능을 보여 주며 딥러닝 기술의 가능성을 입증했다. 힌턴 교수의 딥러닝 기술 개발 이후, 최근 몇 년 동안 생성형 AI 기술이 비약적으로 발전하면서 음악 창작 과정 전반에 걸쳐 AI의 역할이 더욱 확대되고 있다. 과거에는 AI가 주로 작곡 보조 도구, 음원 추천 시스템 등으로 활용되었으나, 현재는 수노 AI(Suno AI), 유디오(Udio)와 같은 플랫폼을 통해 사용자가 직접 AI에게 텍스트 프롬프트를 입력하여 작곡, 연주, 보컬이 포함된 완성된 음원을 생성할 수 있는 수준에 다다른 것이다. 또한 AI를 활용한 음원 제작 관련 스타트업들이 등장하여 기존 음악 제작 방식을 혁신하고 있으며 저작권 및 윤리적 문제와 함께 음악 산업의 새로운 가능성을 제시하고 있다. 2025년 현 시점은 인공지능, IoT, 클라우드 컴퓨팅, 빅데이터를 중심으로 한 '초연결, 초지능'의 4차 산업 기술 중심의 시대라 할 수 있으며 여기에서 인공지능 기술은 핵심적인 역할을 하고 있다. 정리하면 우리가 지금 마주한 인공지능 기술의 수준은 실제 21세기 디지털 전환이 이루어진 이후이며 디지털 환경은 인공지능 기술의 고도화를 더욱 가능케 한 밑바탕이 되었다고 볼 수 있다.

생산적 측면: 곡 단위 제작, 편곡된 신곡, 커버곡 전문 보컬의 등장

'디지털 트랜스포메이션'은 시장의 안정성을 추구하려는 생산자적 입장에서 필연적으로 과거와 다른 전략을 고민하게 하며 변화를 초래한다(Matt et al., 2015). 음반 형태가 주를 이루던 시기에는 일반적으로 '앨범' 단위, 즉 여러 개의 곡들이 담겨 있는 형태 중심으로 청취가 이루어졌는데, 다수의 곡이 담긴 앨범에는 타이틀 곡이 존재했다. 또한 유형의 앨범은 서점과 같은 온·오프라인 음반 판매처를 통해 구매하는 것이 일반적이었으며, 팝, 재즈, 클래식과 같은 음악의 대표적 장르의 접근이 중요한 기준이 되었다. 그러나 디지털 전환(Digital Transformation)으로 인해 음악은 앨범 단위가 아닌 '곡' 단위로 변화했으며, '디지털 싱글'이란 형태로 진화했다. 여전히 앨범 단위의 발매도 이루어지고 있으나 대체적으로 현재는 하나의 트랙 즉 디지털 싱글을 다수 발표하고 이들 중 반응이 좋은 곡들을 묶어서 '정규 앨범'을 제작하는 형태가 증가하고 있는 것이다. 아울러 기존에 발매된 오리지널 곡을 리메이크하거나 유명세를 지닌 아티스트가 뮤지션의 곡에 게스트로 참여하는 피처링(featuring) 버전 등 다양한 기법을 통해 편곡한 곡들이 늘어나고 있으며 이러한 곡들은 차트 내에 다수 진입하는 새로운 현상을 보여 주고 있다. 이러한 현상은 대중음악은 물론 다양한 음악 장르에서도 증가하기 시작해 현재는 클래식(서양 고전 음악), 재즈, 포크 뮤직에도 다채롭게 사용되고 있는 추세다.

그뿐만 아니라, 유튜브 플랫폼 활용이 늘어나면서 인기곡들을 자신만의 스타일로 커버한 커버곡 전문 보컬이 등장하기도 했는데 구독자 약 1750만 명(2024년 기준)을 보유한 채널의 주인공 뮤지션 제이플라(본명 김정화)가 대표적인 예다. 산업의 구조 특히 생산적 측면에서 발생하는 다양한 새로운 형태의 '제작' 방식이 늘어나고 있으며 이러한 형태의 제작 방식을 통해 커버곡 전문 가수라는 새로운 형태의 직업이 등장하기 시작한 것이다.

매개적 측면: 플랫폼 중심의 음악 추천, 게이트키퍼의 역할 변화

국내에서는 음악 주요 플랫폼의 유료화를 기점으로 음악 시장의 디지털화는 더욱 가속화됐다. 벅스뮤직을 시작으로 다양한 음악 플랫폼이 등장하면서 음반 시장의 축소는 더욱 가속화되었으며 음반 차트나 과거 방송 음악 프로그램 차트보다는 실시간 차트 순위까지 반영하는 온라인 음악 차트에 더욱 민감하게 반응하기 시작했다. 국내 최초 디지털 온라인 차트인 가온차트(현 서클차트)가 이 시기에 나온 이유도 여기에서 찾을 수 있을 것이다.

디지털 전환 이후 음반사를 통해 제작된 음원은 온라인 유통사 즉 음원 대리 중개업과 플랫폼을 통해 소비자에게 전달되는 구조로 바뀌었다. 이러한 공급 구조의 변화는 실제 음악을 연결해 주는 매개적 구조의 전반적인 변화를 가져왔다고 볼 수 있을 것이다.

20세기 레코딩의 발달로 음악은 쉽게 복제가 가능해

졌으며 다양한 장르의 음악은 점점 음반을 통해 사람들에게 들리고 소비되기 시작했는데 여기서 만들어진 음악이 청취자 혹은 음악 소비자에게 전달되는 과정에서 게이트키퍼의 역할은 중요해졌다. 한편 라디오의 출현 이후 TV 등 각종 미디어의 발달은 음악의 생산과 소비를 연결해 주는 매개적 역할, 즉 게이트키퍼의 역할을 창출했다.

디지털 전환이 본격적으로 이루어지기 전 1980년대에 등장한 CD는 음반 산업의 마지막 호황기를 누렸다. 이때 신인이나 새 앨범이 출시되면 음반 제작사 혹은 기획사에서는 CD와 홍보 자료를 각종 음악 관련 방송 미디어 채널에 홍보하는 일이 중요한 일이었다. 음악 채널 담당 프로듀서도 여기서 생산과 소비자를 연결하는 매개자 혹은 게이트키퍼 역할을 수행했다고 볼 수 있다. 클럽의 DJ는 수많은 음악 중에서 직접 선곡한 곡을 선별적으로 전달하는 역할을 해 왔다. 그뿐만 아니라, 음반 평론가들의 프리뷰나 방송 프로그램의 담당 PD 역시 음악을 큐레이팅(curating)하고 대중에게 소개하는 중개자 역할을 수행했다고 볼 수 있다. 즉 디지털화가 이루어지기 이전 음반 위주의 음악 시장에서는 '생산(제작 혹은 권리자)-유통 사업자-소비자'의 구조가 존재했다. 여기서 생산자는 저작자(작사 · 작곡가), 저작인접권자(음반 제작자, 레이블), 실연권자(가수, 연주자, 뮤지션)로 구성되며, 이들과 소비자(청취자 · 구매자)를 연결하는 유통 사업자(방송사, 도매 · 소매 판매업자)가 존재했다. 그러나 음악 시장에서의 디지털화는 이러한 매개적 구조를 변화시켰다. TV 프로그램은 더 이상 중요한 홍보 수단이 아니고, 과거에는 음반 제작사에서 유통사와 방송사 위주로 신보를 소개하고 홍보하는 데 주력했으나, 최근에는 '에센셜;(Essential;)'과 같은 플레이리스트를 만들어 제공하는 유튜브 전문 음악 채널이 추천하는 곡이 오히려 더 영향력이 커졌으며 인기 위주 채널 영상에 삽입되는 배경음악이 더 큰 효과를 발휘하게 됐다.

소비(향유)적 측면: 취향의 변화, '탐험과 안정'의 비율

애플의 전 CEO이자 공동 창립자 스티브 잡스(Steven Paul Jobs, 1955~2011)는 "사람들은 자신이 무엇을 원하는지 모른다. 우리가 알려 줄 때까지"라고 말한 바 있다. 즉 소비자들은 자신의 취향을 결정하는 데 내가 아닌 다른 누군가에 의해 추천되는 것들의 범주 안에서 자신만의 가치 판단을 통해 자신의 '취향'을 구축해 간다는 것이다. 그렇다면 대중의 취향은 어떻게 결정될까? 일반적으로, 10대 시절에 들었던 음악을 남은 평생 동안 70퍼센트 이상 반복해서 듣게 된다고 한다. 이는 음악 감상에서 친숙한 것을 선호하는 경향이 크다는 것을 의미한다. 결국 새로운 음악보다 익숙한 음악에 더 친근감을 느끼고 지속적으로 듣게 되는 것이다. 그러나 익숙하기만 해서는 쉽게 지루함을 느끼게 되는 것 또한 사실이다.

스포티파이(Spotify)에서는 이러한 리스너의 친숙하고 동시에 새로운 것을 추구하는 청취 패턴을 분석하고 고려해 친숙함과 새로움을 적절히 조합해서 음악을 추천하는 시스템을 구축했다. 이 시스템은 기본적으로 '탐험과 활용(Exploration and Exploitation)' 전략으로 설명될 수 있는데 '탐험'은 새로운 요소 즉 평소 듣지 않던 새로운 곡을, '활용'은 기존에 개인이 친숙하게 여기는 익숙한 음악(곡)을 의미한다. 소비자에게 음악을 추천할 때 친숙한 요소와 새로운 요소의 비율을 정하고 가장 만족도가 높게 나타나는 지점에서 확정을 하게 되는 것이다.

소비적 측면에서 또 한 가지 주목할 점은 음악 청취자/소비자들이 여전히 음원 차트에 진입한 인기곡들을 통해 새로운 음악을 접하지만, 과거보다는 더 다양한 방법을 활용한다는 점이다. 예를 들어, 우연히 카페에서 들려오는 곡이 맘에 들면 '샤잠(Shazam)'과 같은 음악 식별 앱을 사용하여 곡 정보를 확인하는 식이다. 곡 정보는 물론 아티스트에 관한 정보를 제공하며 검색한 곡과 유사한 스타일의 곡과 관련 아티스트의 차트 내 진입한 다른 곡 정보도 추천 제공한다. 또한 유튜브와 같은 플랫폼을 통해서도 검색이 가능하고, 나와 비슷한 취향을 지닌 음악 청취자를 만나면 '팔로우'를 통해 계속 좋은 곡들을 추천받기도 한다. 즉 새로운 스타일의 음악이라도 기존과는 '선택'하는 기준이 달라졌다고 볼 수 있는 것이다(고윤화, 2023).

참고문헌

고윤화(2023). 디지털 시대 한국 음악 산업의 구조적 변화와 성장-탐험에 의한 활용, 교차 네트워크 외부효과, 마이크로 옴니보어. 연세대학교 대학원 박사학위 논문.

송정은(2021.7.18). [우리는 '스밍'으로 듣는다] ①음원 스트리밍 서비스의 태동부터 '춘추전국시대'까지. ≪한국정경신문≫. http://kpenews.com/View.aspx?No=1863098

컬처코드연구소 외(2023). 『K컬처 트렌드 2024』, 미다스북스.

Matt, C., et al.(2015). Digital transformation strategies. *Business & information systems engineering,* 57, 339-343.

02
AI와 창작

AI 작곡은 언제부터 시작되었을까? 1950년대 최초의 컴퓨팅 기반의 작품 〈일리악 모음곡(ILLIAC Suite)〉(1957)을 기점으로 1980년대 룰 기반(Rule-based)의 작곡 시스템을 거쳐 2000년대 이후 딥러닝을 활용한 생성형 인공지능의 작곡에 이르기까지 AI를 통한 음악 창작의 활용에 대한 기술은 꾸준히 발달되어 왔다.

AI와 MBTI?

컴퓨터와 AI 기반 음악 작곡 및 창작의 시대별 주요 발달

최초의 컴퓨터 기반의 작곡 시도는 1950년대 일리노이 대학의 레너드 아이작슨(Leonard Isaacson)과 루이스 모저(Louis M. Moser)가 개발한 〈일리악 모음곡(ILLIAC Suite)〉(1957)으로 알려져 있다. 이 작품은 4악장으로 구성된 현악 사중주 곡이며 확률 이론과 규칙 기반 알고리즘을 이용해 음악을 생성한 컴퓨팅 기반 작곡의 첫 사례라 할 수 있다. 이 작업은 현재까지 세계 최초로 컴퓨터가 작곡한 음악으로 인정받고 있는데 당시 사용된 기술과 방법은 오늘날의 딥러닝 기반 AI 음악 생성과는 다소 차이가 있다. 하지만 컴퓨터의 알고리즘을 활용해 인간의 직접적 개입 없이 음악을 창작했다는 점에서 AI 작곡의 가능성을 연 중요한 출발점으로 볼 수 있다. 이후 그리스 출신의 현대음악 작곡가 이아니스 크세나키스(Iannis Xenakis, 1922~2001)는 마르코프 연쇄, 게임 이론 등 수학 공식을 활용해 전자음악 작품을 작곡해(Kocca 포커스 통권 152호, 2023) 현재는 전자음악과 컴퓨터 음악의 선구자적 작곡가로 기억되고 있다. 이후 1960년대에 미국의 작곡가 르자렌 힐러(Lejaren A. Hiller)가 확률에 기반을 둔 기법을 통해 자동 작곡 연구를 진행한 바 있다. 1970년대에는 존 초우닝(John M. Chowning)이 FM 신디사이저 기술을 개발하며 미디 전자음악 및 AI 음악 개발의 토대를 마련했다.

이후 1980년대에서 1990년대에는 기계가 정해진 특정 규칙을 학습하여 음악을 만드는 룰 기반(rule-based) 시스템이 활발히 연구됐다. 데이비드 코프(David Cope)는 음악 지능 실험(Experiments in Musical Intelligence, EMI), 즉 작곡가들만의 음악적 특징이나 스타일을 분석해 새로운 음악을 생성하는 시스템을 개발했다. 그는 컴퓨터 작곡의 범위를 '해체-서명-호환성'의 3단계로 분류했는데 이는 오늘날의 인공지능 음악 작곡의 기준점이 되었다. 아울러 이 시기에는 뉴럴 네트워크와 유전 알고리즘을 활용한 초기 AI 작곡 시도가 진행되었는데, 프랑수아 파셰(Francois Pachet)와 같은 연구자들을 통해 AI 음악 시스템이 개발되기 시작했다. 이 시기의 룰 기반 시스템은 명시적으로 정의된 규칙을 바탕으로 작동하기 때문에 창의적인 측면에서 한계가 드러난다고 평가될 수 있다. 하지만 이러한 한계점은 데이터 기반의 학습 방법과 결합해 창의성을 높이는 결과물을 도출하기 위한 연구로 확장하는 데 긍정적 영향을 주었다. 영국의 레코드 레이블 그룹 EMI는 바흐, 모차르트 등 유명 작곡가들의 작품을 학습시켜 특정 시대의 작곡가들의 스타일의 음악을 유사하게 작곡하는 기술을 개발하며 순수예술 분야의 음악 창작에도 AI 활용성이 증가하는 계기를 마련해 주었다. 이러한 노력은 AI와 음악 창작에서의 융합 가능성을 제시하며 이후 AI 작곡 기술의 발전에 중요한 기반이 되었다고 볼 수 있다.

디지털화가 본격화되기 시작한 2000년대 이후에는 인공지능이 빅데이터와 딥러닝(심층 신경망) 기술을 활용하게 되면서 AI 작곡의 수준이 놀랍게 발달하기 시작했다. 마르코프 체인(Markov Chains)과 은닉 마르코프 모델(HMM)을 활용한 음악 생성 연구를 진행했으며, 2010년 이후에는 구글 딥마인드(DeepMind), 오픈AI, 마젠타(Magenta) 등의 연구팀이 신경망을 활용한 작곡 AI를 연구하며 활기를 더하기 시작했다. 2016년에는 구글의 마젠타 프로젝트가 시작되었고 이와 함께 장·단기 메모리(Long Short-Term Memory, LSTM) 기반의 AI 작곡이 주목받기 시작했다. 2017년에는 오픈AI가 뮤즈넷(MuseNet)을 개발하여 여러 음악 스타일을 학습한 작곡 AI를 공개했으며, 2019년에는 소니(Sony)사의 LSTM의 플로머신(Flow Machines)이 현존하지 않는 비틀즈의 음악적 스타일을 분석해 비틀즈 스타일의 곡 〈대디스

카(Daddy's Car)〉를 작곡해 AI의 창작 능력이 대중적으로 널리 알려지기 시작했다.

2000년대 이전까지의 AI가 주로 작곡 및 음악 창작의 보조 도구였다면 2020년대 이후 인공지능 작곡 기술은 혁신적인 모델과 아키텍처의 도입으로 그 활용 범위가 크게 확장되기 시작했다. 수노 AI(Suno AI), 유디오(Udio)와 같은 플랫폼을 통해 사용자가 직접 AI에게 텍스트 프롬프트를 입력하여 작곡, 연주, 보컬이 포함된 완성된 음원을 생성할 수 있는 수준에 도달했으며 딥러닝 기반 생성 모델, 특히 트랜스포머와 시퀀스 모델은 자연어 처리 분야에서의 성공을 바탕으로 음악 생성에도 성공적으로 적용됐다. 트랜스포머 기반의 뮤즈넷(MuseNet)과 주크박스(Jukebox) 같은 모델은 다양한 음악 스타일과 장르를 학습하고 긴 시퀀스의 음악 데이터를 효과적으로 모델링한다. 이들은 기본 선율, 코드, 화성뿐만 아니라 곡의 구조와 분위기까지 반영하여 완성도 높은 음악을 생성할 수 있다. 생성적 적대 신경망(Generative Adversarial Network, GAN)은 생성자와 판별자라는 두 신경망이 경쟁하며 발전하는 구조로, 특정 스타일의 음악 모방이나 기존 곡의 창의적 변형에 활용된다. 오토인코더(Auto Encoder)는 입력 데이터를 압축하고 재구성하는 신경망으로, 음악의 패턴과 특성을 학습하여 새로운 음악 데이터를 생성하는 데 사용된다. 이러한 기술의 발전으로 AI는 이제 단순한 멜로디 생성을 넘어 복잡한 음악 구조와 스타일을 이해하고 재현할 수 있게 되었다. 이는 음악 창작의 새로운 지평을 열어 작곡가들에게 영감을 제공하고 음악 산업에 혁신적인 도구를 제공하고 있다. 오늘날 AI 작곡 시스템은 인터넷, 스트리밍, 디지털 음원 데이터베이스 등에서 수집된 방대한 음악 데이터를 기반으로 학습이 가능해졌다. 이러한 데이터 셋은 다양한 음악 장르, 시대, 문화의 음악적 특성을 포괄해 다채로운 음악적 스타일을 이해하고 생성하는 데 도움을 주고 있다.

상업용 및 오픈소스 AI 작곡 도구

AI 기술을 활용한 작곡 도구는 크게 상업용과 오픈소스로 나뉘어 볼 수 있다.

먼저 상업용 대표적 도구들을 살펴보자. 라우들리(Loudly)는 악기, 에너지 레벨 등을 선택하여 사용자가 원하는 음원을 제작할 수 있는 것이 특징이다. 프로 버전 구독 시 상업적 목적으로 음원 라이선스 사용이 가능하나 스트리밍 사이트에 음원 배포는 불가하다. 에크렛 뮤직(Ecrett Music)은 수백 시간 분량의 기존 노래를 학습하여 누구나 음악 클립을 생성할 수 있다. 간단한 인터페이스와 다양한 장면, 감정 및 장르 선택이 가능하다. 믹스오디오(MixAudio)는 전 세계의 다양한 아티스트 및 프로듀서들과 함께 제작한 음악 블록(샘플)을 AI가 합성하여 하나의 완성된 음악 제작이 가능하다. 자체 알고리즘을 통해 정교한 믹스/마스터링을 제공하는 것이 특징이다. 아이바(AIVA: Artificial Intelligence Virtual Artist)는 영화, 게임, 광고 등 다양한 분야에서 사용 가능한 맞춤형 음악을 생성하는 상업용 AI 작곡 서비스로 사용자가 원하는 분위기나 장르를 지정하면, 아이바가 이를 반영한 곡을 자동으로 생성할 수 있다. 앰퍼뮤직(Amper Music)은 사용자 인터페이스를 통해 비전문가도 쉽게 음악을 제작할 수 있도록 지원한다. 간단한 설정으로 배경음악, 효과음 등을 생성해 주며 영상 제작이나 콘텐츠 크리에이터들의 활용도가 높다. 부미(Boomy)는 AI를 활용해 사용자가 몇 가지 옵션만 선택하면 짧은 곡부터 완성된 트랙까지 제작할 수 있는 플랫폼으로 특히 SNS나 유튜브 등 온라인 플랫폼에서 사용할 수 있는 짧은 음악 콘텐츠 제작에 적합한 형태가 특징이다.

다음으로 오픈소스 작곡 도구를 살펴보자. 오디오크

래프트(AudioCraft)는 텍스트 설명을 기반으로 음악을 생성하는 모델이며 텍스트 프롬프트를 통해 음향 효과를 생성해 준다. 엔코덱(EnCodec)은 오디오를 압축하여 효율적인 저장 및 전송을 가능하게 하는 모델이며 사용자가 입력한 텍스트 설명에 따라 고품질의 사실적인 오디오와 음악을 생성할 수 있다는 점이 특징적이다. 메타(meta)는 오디오크래프트를 오픈소스로 공개해 연구자와 개발자들이 이를 활용하고 발전시킬 수 있도록 정책적 지원을 하고 있다. 리퓨전(Riffusion)은 사용자가 텍스트 프롬프트를 입력하면 AI가 이를 기반으로 다양한 장르의 음악을 실시간으로 생성한다. 음악 전문 지식이나 고가의 소프트웨어 없이도 누구나 손쉽게 음악을 창작할 수 있으며 웹 인터페이스를 통해 텍스트 프롬프트를 입력하고 생성된 음악을 바로 청취하거나 다운로드할 수 있는 특징이 있다. 뮤즈넷(Musenet)은 최대 열 개의 악기를 사용하여 다양한 음악 스타일을 탐색하며 작곡할 수 있는 AI 음악 생성 플랫폼으로 여러 온라인 음악 소스에서 훈련된 심층 신경망을 통해 유명한 작곡가들의 작품을 모방할 수 있다. 하지만 현재 오리지널 음악 작성 기능은 제공하지 않으며 대신 사용자들이 사운드클라우드(SoundCloud) 샘플을 청취할 수 있는 기능을 제공하고 있다.

국내 AI음악 전문 개발 스타트업

국내 인공지능 음악을 전문적으로 개발하는 회사들 중 포자랩스(Pozalabs)는 AI 딥러닝을 활용한 감성 기반 음악 생성을 중심으로 화성학, 샘플링 등 작곡의 전 과정을 학습한 AI 작곡 솔루션을 자체 개발해 음악의 장르뿐만 아니라 곡의 분위기, 악기, 협화 정도를 모두 반영한 고품질의 음원 제작 회사다. 2022년에는 CJ ENM으로부터 시리즈 A 투자를 유치하여 2대 주주로 등극하였으며, 이를 통해 AI 음원 라이브러리를 구축하고 콘텐츠 제작의 자율성 및 효율성 측면에서도 발전하는 중이다. 2024년 1월에는 AI를 이용한 음악 창작 도구인 '라이브(LAIVE)'의 시험판을 공개했는데 이 도구는 주제어를 입력하면 AI가 5분 만에 작곡, 작사, 가창까지 수행하여 누구나 손쉽게 음악을 만들 수 있도록 지원하는 프로그램이다. 포자 스튜디오(Poza Studio)는 인공지능과 인간 작곡가가 서로 협업을 통해 맞춤형 음원을 제작하는 데 초점을 맞춘 포자랩스의 대표적인 서비스다. 소비자의 세부적인 요구 사항을 반영하여 음원을 제작하고 효과음과 브랜드 시그니처 사운드 제작도 가능하다는 점도 주목해 볼 만하다. 그 밖에 AI 음악 생성 엔진 포자르트(Pozart) 개발 등 다양한 서비스를 개발 중이다.

뉴튠(Neutune)은 카이스트 문화기술대학원(Music and Audio Computing, MAC) 랩(Lab) 출신 이종필 대표가 연구실 멤버들과 함께 2020년 설립한 AI 음악 기술 개발 스타트업이다. 국제음악정보검색학회(The International Society for Music Information Retrieval, ISMIR) 등 세계적인 음악 기술 분야 학회에서 누적 30편 이상의 기술을 발표했다. 연구, 엔지니어 인력뿐 아니라 버클리 출신의 음악 프로듀서, 한국예술종합학교 겸임교수 겸 미디어 아티스트, CCO, 대학가요제 입상 경력이 있는 인디밴드 출신의 A&R(Artists and Repertoire) 등 음악의 제작과 유통, 플랫폼 및 서비스에 이르는 밸류 체인(Value Chain)을 모두 아우르는 인력 구성으로 독자적인 서비스와 콘텐츠를 제공한다. 국내 최초로 멀티모달(Multi-modal) AI 기반 음악 생성 플랫폼 '믹스오디오(Mix.audio)'를 공개해 콘텐츠 크리에이터, 영상 제작자, 게임 개발자 등을 위한 맞춤형 음악을 제작, 서비스한다. 자체 개발한 생성 엔진 '블록뮤직 AI'를 활용하여 텍스트, 이미지, 오디오를 입력하면 '3초' 만에 '네 곡'을 생성할 수 있으며, 음악의 악기와 구성을 자유롭게 조합, 편집할 수 있는 '멀티모달' 방식을 제공하고 있다. 또한 저작권을 확보한 음악 샘플 데이터를 사용하여 저작권 문제를 해결하였으며, '사운즈(Sounds)' 기능을 추가하여 사용자들이 필요로 하는 특정 사운드와 효과음을 AI를 통해 직접 검색하고 활용할 수 있는 환경을 제공한다. 2024년 20억 원 규모의 프리시리즈A 투자를 유치했으며 이를 통해 기술 개발과 서비스 확장을 가속화하여 AI 음악 시장의 선도 기업으로 자리매김 중이다.

생성형 AI 작곡가의 등장, 과연 인간을 대신할 수 있을까?

'히트곡 제조기' 라는 별명을 지닌 작곡가 김형석은 2024년 한 작곡 공모전에 심사위원으로 참가 후 자신의 SNS에 "이걸 상을 줘야 하나 말아야 하나, 그리고 이제 난 뭐 먹고 살아야 하나"라는 내용의 포스팅을 공유해 화제가 된 바 있다. 마지막 우승 곡을 심사했는데 알고 보니 곡을 작곡의 주체가 '인간'이 아닌 '인공지능'이었다는 것을 알게 된 후 심경을 자조적으로 표현한 것이다. 시장 분석 업체 마켓닷어스에 따르면 생성형 AI를 이용한 글로벌 음악 시장 규모는 2022년 약 2900억 원으로, 10년 후인 2032년에는 3조 3800억 원으로 약 열한 배 성장할 것으로 전망하고 있다.

한편, AI와 음악 인지를 모델링하려는 다양한 시도가 일반적으로 인간 지성과 심리학에 대한 지식을 증가시키는 방법이라고 말한 미국 캘리포니아대학 어바인캠퍼스의 통합 작곡, 즉흥 연주 연구자 크리스토퍼 도브리안 교수는 스스로 전자음악과 악기 음악을 작곡하는 작곡가로서 음악의 컴퓨터 인지와 관련된 네 가지 치명적 문제점을 지적한 바 있다. 첫째는 컴퓨터 시스템에 데이터를 입력하기 위해 음악을 측정하는 방법이며 둘째는 데이터를 컴퓨터에 표시하는 방법, 셋째는 컴퓨터 프로그램에서 데이터가 어떤 식으로든 이해 가능하게 표현하도록 만드는 방법이며 마지막으로 넷째는 컴퓨터가 이렇게 얻은 정보와 지식으로 무엇을 할 것인지 결정하는 일이다. 여기에서 마지막에 주목해 보면 결국 각종 데이터 자료를 통해 최종적으로 판단해야 할 것은 결국 예술적 차원의 문제이며 미학적 결정을 구성하는 요소를 어떻게 구현할지에 대한 보다 고차원적인 문제라 할 수 있다. 도브리안은 어떤 규칙 집합을 사용하는지, 어떤 미적 기준을 사용하는지, 어떤 알려지지 않은 기준을 사용하는지에 따라 미학적 결정이 내려질 것이며 이 점은 향후 AI 작곡 산업의 중요한 변수가 될 것으로 예측했다.

또 다른 예로, 2016년부터 개발된 국내 최초 AI 작곡가 이봄(EvoM)은 음악 이론을 학습하고 탐색 기술을 활용해 새로운 곡을 창작하는 능력을 갖춘 생성형 인공지능 기술을 통해 탄생했다. 음악 창작의 기본적인 음악 이론인 화성학, 대위법 등을 학습해 인간 작곡가의 창작 과정을 그대로 구현하며 탐색 기술을 통해 무작위로 생성되는 음표들을 음악적 가치 기준에 의해 우수한 음들을 선별적으로 조합해 완성도 높은 작곡을 한다. 아울러 이봄은 최신 음악 트렌드와 스타일까지 반영해 다양한 장르의 음악 작곡이 가능하다. 또한 음악 소비자(청취자)의 감정을 인식하고 이를 바탕으로 감성적인 곡을 창작할 수 있는 능력까지 갖췄으며 아울러 자동 연주 피아노와 연동이 되어 창작한 곡을 즉시 연주까지 할 수 있는 기능을 제공해 독립적인 하나의 작곡가로 활동한다.

AI가 작곡한 음악은 산업적으로 어떤 가치를 지닐까. 결론부터 이야기하자면 효용적인 측면에서 중요한 가치와 의미를 지닌다. 아이바가 작곡한 음악은 이미 라이브 이벤트, 광고, 게임 등에 활용중이며 또 다른 AI 작곡가인 주크덱(Jukedeck)이 작곡한 음악 또한 마찬가지다. 주크덱은 100만 곡이 넘는 음악을 빠른 시간 안에 만들었다. 런던 골드스미스대학의 컴퓨터 과학 교수 마크 딘

베르노는 '기술이 인공지능이 작곡한 음악에 대한 수요를 이끌어 낸다'고 했는데 이는 AI 작곡의 가장 큰 장점 중 하나라 볼 수 있다. 제9장에서 더욱 구체적으로 다룰 음악 저작권 및 로열티 문제에서도 인공지능이 만든 음악(곡)은 하나의 대안이 되기도 하며 인간의 창작에 소요되는 시간과 비용에 비해 효율적이라는 점에 산업적 효용 가치가 높다고 볼 수 있다.

참고문헌

김아현(2019.4.8). AI, 작곡의 미래가 되다. ≪AI타임스≫. https://www.aitimes.com/news/articleView.html?idxno=46816

뉴튠. https://www.neutune.com/

임효성(2019). 인공지능을 활용한 음악창작과 저작물성. ≪계간 저작권≫, 32(2), 37-73.

포자랩스. https://www.pozalabs.com/

장세민(2024.12.21.). 허원길 대표, "음악 생성 AI, B2B에서도 훨훨...포자랩스가 주도할 것". ≪AI타임스≫. https://www.aitimes.com/news/articleView.html?idxno=166431

KOCCA포커스 AI시대(2023), ≪오늘의 음악≫, 통권 152호.

SK Telecom Newroom(2024.3.20). [AI 톡터뷰] 작곡가 안창욱 교수에게 "AI 작곡가 이봄"을 묻다 https://news.sktelecom.com/202307

AIVA(Artificial Intelligence Virtual Artist). https://aiva.ai

Amper Music. https://www.ampermusic.com

Boomy. https://www.boomy.com

Goodfellow, I., et al.(2014). Generative Adversarial Nets. Advances. In Neural Information Processing Systems(NeurIPS).

Huang, Cheng-Zhi A., et al.(2018). Music Transformer: Generating Music with Long-Term Structure.

OpenAI(2019~2020). MuseNet. OpenAI 블로그 및 발표 자료.

OpenAI(2020). Jukebox: A Generative Model for Music. OpenAI 블로그 및 기술 보고서.

Roberts, A., et al.(2018). A Hierarchical Latent Vector Model for Learning Long-Term Structure in Music. Proceedings of the 35th International Conference on Machine Learning(ICML) 2018.

03
AI와 연주

인공지능이 연주하는 음악은 어떤 가치를 지닐까? 인간만의 섬세함이 필요했던 음악 연주를 인공지능이 대체할 수 있을까? 딥러닝을 통해 기존 로봇(기계)의 한계를 넘어서고 있는 AI 연주는 인간과의 대립 구도에서 벗어나 인간의 보조 역할은 물론 인간과 소통하는 '반응형' 연주자로서의 역할로 진화하고 있다.

AI와 난임 극복?

연주의 자동화, 딥러닝을 통해 기계의 한계를 넘어서는 AI

피아노 의자에는 아무도 앉아 있지 않지만 건반이 저절로 움직이며 멋진 명곡을 연주하거나 키보드 건반에 샘플 곡 연주 버튼을 누르면 버튼이 알아서 움직이며 곡을 연주하는 것은 사실 지금시대에 놀라운 일은 아니니다. 악기 연주의 자동화는 이미 오래전부터 진행되어 왔기 때문이다. 그렇다면 디지털화 이후 인공지능이 연주하는 음악은 무엇이 달라진 걸까?

최근 사례를 먼저 살펴보자. 한국인 최초로 쇼팽콩쿠르에서 우승한 피아니스트 조성진의 연주 스타일을 딥러닝한 인공지능이 마치 조성진이 연주하는 것과 유사하게(물론 동일하다고 볼 수는 없겠지만) 연주를 한다. 이와 관련 기술 개발에 참여 중인 연구팀은 향후 단순히 연주자를 흉내 내는 수준을 넘어서 상호 작용이 가능한 '반응형' 인공지능 연주 개발을 진행 중이라고 미디어를 통해 언급한 바 있다. 머신 러닝을 적용했을 경우 인공지능은 입력된 데이터 외에 스스로 학습을 통해 연주할 곡의 빠르기, 셈여림, 프레이징(Phrasing: 음악에서 선율을 일정한 크기의 구분으로 나누는 것) 등을 표현하는 데 기계적인 표현이 아닌 인간의 섬세한 표현까지 구현 가능해졌다. 특히 이러한 부분은 클래식 연주에서는 매우 중요한 요소라 할 수 있는데 현재 인공지능 기술 개발은 꾸준히 그 영역에 집중적인 노력을 기울이며 기계 연주의 한계를 넘어서고 있다. 상식적으로 인간의 연주가 아닌 기계적인 연주를 통해서는 듣는 사람에게 감동을 주기 어렵다는 점에 동의할 것이다. 그렇다면 인간 고유의 영역이라 할 수 있는 예술적 표현을 기술적으로 구현한다는 것은 어디까지 가능한 것일까? 인간에게 감동을 줄 수 있는 음악적 표현은 어떻게 기술적으로 가능할까?

세계적으로 실력을 인정받은 연주자들은 흔히 기교적인 면(테크닉)과 예술적 표현이 모두 훌륭하다는 평을 듣는다. 이를 적용하면 인공지능은 지금까지는 음악 연주 머신 즉 기계적인 요소들(주어진 악보와 연주를 위한 기본적인 데이터)을 구현하는 점에 초점을 맞춰 개발되었다고 볼 수 있는데 현 시점을 비롯해 향후 중점적으로 이루어질 개발 영역은 인공신경망을 활용한 기계 학습 기술인 딥러닝을 통한 지능형 음악 연주 기술에 있다고 볼 수 있다. 이러한 기술적 시도와 노력은 향후 보다 정교화된 음악 연주(실연), 즉 인간에게 '감동'을 주는 연주를 할 수 있는 인공지능을 개발하는 노력의 일환으로 이해된다. 만약 정말 이러한 수준의 인공지능이 개발된다면 앞으로는 실력 있는 인간 연주자와 인공지능 연주자가 함께 듀엣, 실내악 등의 합동 연주를 하거나 공연을 하는 것도 가능하다. 과거 우리는 인간과 인공지능(기계)을 대결 구도 측면에서 즉 인공지능이 인간보다 더 뛰어나거나 우월할 수 있는지에 초점을 맞춰 왔다. 그러나 앞으로 인공지능 개발의 방향성은 인간과의 대립이 아닌 기술적인 인간의 대체 역할이며 공존의 대상으로 이해해야 할 것이다.

인간과 협력(협연)하는 인공지능, 어디까지 가능할까?

미국의 한 인디밴드는 AI 기술을 활용해 공연에 적용했다. 인디록 밴드 '굿 키드(Good Kid)'의 프론트맨 닉 프로스트(Nick Frosst)는 캐나다의 AI 기술 개발 스타트업 코히어(Cohere)의 공동 창업자이기도 하다. '굿 키드'는 인디밴드지만 스포티파이에서 매달 230만 명 이상의 청취자를 보유하고 있으며 2023년 주목받는 올해의 그룹(breakthrough group of the year) 후보에 올라 주목을 받기도 한 어느 정도 인지도가 있는 팀이다. 이 그룹의 멤버는 기타리스트 데이비드 우드(David Wood)를 제외하고는 모두 컴퓨터 과학 분야 프로그래머로서 밴드의 첫 시작은 프로스트의 설득으로 이루어졌다. 2017년 밴드 데뷔 앨범 출시 후, 이듬해 프로스트는 에이든 고메즈(Aidan Gomez)과 이반 장(Ivan Zhang)과 함께 코히어 팀을 결성했다. 이 기술개발팀은 벤처캐피털로 9억 7000만 달러 이상을 모금해 현재는 55억 달러 이상의 가치를 지닌 회사로 성장했다. 굿 키드가 내놓은 첫 싱글 노래 가사를 보면 "언어는 사라졌고 토큰(token)은 알려지지 않았다"라는 구절이 나오는데 향후 코히어 팀이 개발할 기술에 대한 암시를 보여 주는 것이라고 밝히기도 했다. 앞서 언급한 대로 인공지능이 인간 수준으로 연주하는 것이 가능해진다면 향후 록 밴드에서도 인간이 인공지능과 함께 서로 호흡을 맞추며 합동 연주 혹은 공연을 하는 것도 가능한 일이 되지 않을까 예측할 수 있다.

컴퓨터 음악 시스템, 특히 표현력 있는 음악 연주 생성에 초점을 맞춘 드 만타라스와 아르코스의 논문(De Mantaras, R. L. & Arcos, J. L, 2002)은 AI 기반 컴퓨터 음악 시스템을 작곡, 즉흥 연주, 연주 시스템의 세 가지 유형으로 분류하고 있다. 여기서도 즉흥 연주와 연주 부분에서 구조적으로 재즈가 일반적인 포크 음악이나 대중음악보다 단순하지 않기 때문에 어려움이 있다는 점을 시사하고 있다. 아울러 연주자의 '터치', 즉 악보를 연주할 때 적용되는 패턴을 모델링하는 어려움과, 기존 규칙 기반 접근의 한계를 극복하기 위해 케이스 기반 추론(Case-Based Reasoning, CBR)을 활용한 색스엑스(SaxEx) 시스템을 제안했다. 여기서 색스엑스는 인간 연주자의 녹음 데이터에서 암묵적인 연주 지식을 직접 활용해 다양한 표현 요소들, 예를 들어 다이내믹(Dynamic), 루바토(Rubato), 비브라토(Vibrato), 아티큘레이션(Articulation), 어택(Attack) 등을 고려해 적용하는 것이다. 이 시스템의 적용은 인공지능 연주자가 실제 즉흥적인 요소와 섬세한 표현이 필요한 재즈 연주에 어느 정도 성공적인 면을 보였다고 언급하고 있다. 하지만 그럼에도 흔히 재즈, 클래식 연주자들에게 언급되는 섬세함이 필수적인 '터치'의 영역은 여전히 구현이 어렵고 규칙 기반 시스템은 특정 음악 스타일이나 악기에 적용될 수 있지만 연주자의 다른 스타일이나 악기에 대한 일반화가 어렵다는 점은 한계로 남는다. 예를 들어 바흐의 〈푸가〉에 적용되는 대위법적 규칙은 다른 스타일이나 양식에 적용되기 어렵다.

이전에 발표된 관련 주제의 논문을 통해서도 음악은 인간의 감정을 표현하는 중요한 예술의 영역인데 현재 인공지능의 창작 활동과 연주 수준은 여전히 미흡하다는 점과 한계가 다수 존재한다는 점을 파악할 수 있다. 다만 딥러닝을 통한 인공지능의 새로운 아이디에이션(ideation)과 기술적 가능성이 향후 인간 예술가와 연주자들의 창의성을 확장시키는 데 도움이 될 수 있다는 점과 인공지능의 분석 활용을 통해 다양한 음악적 장르와 스타일을 창조해 낼 수 있다는 점 등은 긍정적 요소로 전망해 볼 수 있을 것이다.

참고문헌

구아현(2021.8.21.). AI 피아니스트, '한국의 쇼팽' 조성진 명연주 재현…"AI, 감성 연주부터 합주까지 가능". ≪AI타임스≫. https://www.aitimes.com/news/articleView.html?idxno=139915

De Mantaras, R. L. & Arcos, J. L.(2002). AI and music: From composition to expressive performance. *AI magazine*, 23(3), 43-43.

04
AI와 보컬, 음성 합성 기술

AI 음성 합성 기술의 발달은 사람의 목소리를 다각도로 정교하게 분석해 유사한 보컬 사운드를 구현하며 이를 통해 새로운 형태의 곡을 만들거나 혹은 현존하지 않는 고인의 목소리를 재현하기도 한다. AI 음성 내레이션 및 더빙, AI 디제이 및 가상 인플루언서 등 콘텐츠 및 미디어 산업에서 AI 음성 합성 기술 활용 사례가 증가하고 있다.

AI와 사주?

TTS 기술의 발전

과거에는 운전을 하면서 음악을 들을 수는 있지만 책을 읽기는 불가능했다. 그러나 TTS(Text-to-Speech) 기술을 통해 책을 읽지 않아도 '듣기'로 읽는 것이 가능해졌다. TTS 기술은 초기의 규칙 기반, 포먼트(Formant) 합성 방식에서부터 디파이(단위 음성 데이터) 연결 방식, 은닉 마르코프 모델(Hidden Markov Model, HMM) 기반 통계적 합성, 그리고 최근의 딥러닝 기반 기술에 이르기까지 지속적으로 발전해 왔다. 각 시대별로 접근 방식과 기술적 한계가 변화했으며 최신 모델들은 자연스러운 음성 합성, 실시간 처리, 인간의 미세한 감정 및 스타일 제어 등 다양한 측면에서 혁신을 이루어 내고 있다. 시기별 특징을 살펴보면 다음과 같다.

초기 연구 및 규칙 기반 합성 시기(1950~1970년대)

문자(텍스트)를 음성화하는 노력은 1950년대에 이미 시작됐다. 초기에는 음성의 기본적인 음향 특성을 모델링하는 것에 초점을 맞춰 주로 규칙 위반 즉 규칙 엔진 및 모델링 방식이 사용되었다. 음성의 주파수 대역(폼란트)를 모델링해 인위적으로 음성을 합성하는 방식이다. 당시에는 제한된 계산 자원 내에서 비교적 명료한 음성을 생성, 구현하는 것에 초점을 맞추는 단계였다고 볼 수 있다.

합성 음성 데이터 연결 방식(1980~1990년대)

1980년대 들어서 TTS 기술이 상용화되기 시작했다. 전화 자동 안내 및 응답 시스템, 내비게이션(Navigation) 등 실생활에 다양하게 적용되기 시작했다. 아울러 단위 음성 데이터를 연결하는 방식이 도입되었는데 보다 자연스러운 발음이나 억양(intonation)을 구현하기 시작했다. 점차적으로 데이터베이스에 기반한 음성 합성 기술로 전환되면서 음성의 발음, 속도, 억양 등을 통계적으로 모델링하려는 시도가 이루어지기 시작했다.

통계적 파라메트릭 합성(2000년대 초반)

2000년대 초반에는 은닉 마르코프 모델(HMM)을 이용한 통계적 파라메트릭 합성 기술이 주요 흐름으로 자리잡았다. 음성의 다양한 파라미터, 예를 들어 스펙트럼, 발음 길이 등을 확률 모델로 학습하여 보다 유연한 음성 생성이 가능해졌으며 기존의 자연스럽지 않은 톤의 한계를 극복하는 단계에 이르렀다. HMM 기반 시스템은 상대적으로 작은 데이터셋에서도 학습할 수 있다는 점은 장점으로 꼽히나 합성된 음성의 자연스러움에서는 한계가 있었으며 이러한 부분은 후속 연구들을 통해 점진적으로 개선하려는 노력이 이어지고 있다(Zen et al., 2009).

딥러닝 혁신과 최신 TTS 기술(2010년대 중반~현재)

2010년대 중반 이후, 딥러닝 기반 TTS 모델, 즉 딥러닝 기법의 TTS 분야 도입은 큰 변화를 가져왔다. 구글의 '타코트론(Tacotron)' 시리즈와 딥마인드(DeepMind)의 '웨이브넷(WaveNet)'은 대표적인 모델로 꼽힌다. 타코트론 계열은 텍스트 입력을 멜스펙트로그램(Mel spectrogram: 소리의 높낮이, 음색, 강도 등이 시간에 따라 변화하는 양상을 시각화하며 음성 인식, 음악 정보 검색, 오디오 분석 등 다양한 분야에 활용) 등 중간 표현으로 변환한 후, 이를 음성으로 복원하는 엔드투엔드(End to End) 모델 시스템을 구현하여, 보다 자연스럽고 유연한 음성 합성이 가능케 한다. 웨이브넷은 원시 오디오 신호를 직접 생성하는 방식으로 기존 합성 방식보다 훨씬 자연스럽고 인간에 가까운 음성을 만들어 내는 데 성공한 모델 중 하나다. 최신 연구들은 실시간 합성을 위한 경량화 모델, 즉 패스트스피치(FastSpeech) 계열, 트랜스포머(Transformer) 기반 모델 등을 개발하여, 모바일 및 클라우드 환경에서의 응용 가능성을 크게 높이는 데 주력 중이다. 단순한 음성 합성을 넘어, 사용자의 감정, 억양, 스타일 등을 제어할 수 있는 기술이 개발되고 있어 개인화된 음성 서비스와 엔터테인먼트 산업 분야에 응용될 전망이다.

콘텐츠 및 미디어 산업에서 AI 음성 합성 기술 활용 사례

최근 유튜브와 넷플릭스 같은 동영상 플랫폼에서는 AI 음성 합성 기술을 활용하여 콘텐츠를 제작하는 사례가 늘어나고 있다. 예를 들어, 유튜브 크리에이터들이 동영상을 제작할 때 직접 목소리를 녹음하는 대신에, 약 1분 정도의 음성 데이터 소스로 보이스 클론을 만들어 원하는 음성 생성이 가능한 일레븐랩스(ElevenLabs)과 같은 AI 음성 합성 서비스를 사용하여 자동으로 내레이션을 생성할 수 있다는 것이다. 특히 다국어 더빙 기능을 활용하면 한국어로 제작된 영상을 AI가 자동으로 영어, 일본어, 중국어 등의 다양한 언어권의 음성으로 변환해 더빙할 수 있다. 이를 통해 콘텐츠 제작자는 더 많은 글로벌 시청자를 확보할 수 있으며 더빙 편집 비용과 시간을 절

약할 수 있다는 장점이 있다.

AI 음성 합성 기술은 라디오 방송 혹은 소셜미디어에서도 활용되고 있다. 예를 들어, 스포티파이는 인공지능 DJ 기능을 도입해 사용자의 음악 취향을 분석하고 AI가 실제 DJ처럼 곡을 소개하는 서비스를 제공하고 있다. 인공지능 DJ는 마치 인간처럼 감정이 담긴 표현과 음성을 통해 이 서비스를 이용하는 소비자와 소통을 한다. 또한 가상 인플루언서(Virtual Influencer) 분야에서도 AI 음성 합성이 중요한 역할을 하고 있다. 예를 들어, 가상 인플루언서 로지(ROZY)는 실제 사람이 아닌 AI 모델이 생성한 음성을 사용해 팬들과 소통하고 SNS상에서 활동하며 브랜드 광고를 진행하기도 한다. 이러한 가상 인플루언서는 사람보다 일정이 자유롭고, 다양한 브랜드와 협업할 수 있어 기업들이 마케팅 수단으로 적극 활용할 수 있다는 장점이 있다.

AI 음성 합성 기술은 오디오북, 팟캐스트, 뉴스 미디어, 영화 및 애니메이션 더빙 등 다양한 분야에 혁신을 가져오고 있다. 구글 딥마인드의 웨이브넷이나 아마존 폴리 같은 기술로 텍스트만으로도 자연스러운 오디오북 제작이 가능해졌으며, 아마존의 '오더블(Audible)'은 이를 활용한 자동 낭독 서비스를 제공하고 있다. BBC나

≪뉴욕타임스(New York Times)≫ 등 주요 언론사들은 AI 음성으로 뉴스 요약을 제공하며, 사용자가 원하는 시간에 AI 앵커의 음성으로 뉴스를 들을 수 있게 했다. 영화와 애니메이션 분야에서는 AI가 특정 배우의 목소리를 학습해 자동으로 대사를 생성하는 기술이 발전했다. 디즈니의 〈스타워즈〉 시리즈에서는 이 기술로 고령이거나 사망한 배우의 목소리를 재현하고 있다. 유튜브, 넷플릭스, 애니메이션 스튜디오 등은 AI 더빙 기술로 자동 번역 및 다국어 음성 더빙을 제공한다. 이 기술은 원본 대사의 감정과 억양을 분석해 다양한 언어로 자동 변환하여, 콘텐츠 제작 비용 절감과 글로벌 시장 진출을 용이하게 한다.

2021년 가수 고(故) 김광석 씨 목소리를 AI가 복원한 사례가 주목받은 바 있다. AI는 이를 위해 약 두 달 여 동안 김광석의 노래와 창법을 분석했다. 이 작업은 서울대 융합대학원 이교구 교수에 의해 창업한 주식회사 수퍼톤(Supertone)에 의해 이뤄졌다. 이후로 고인이 된 터틀맨, 임윤식, 김현식, 유재하 등의 목소리를 재현해 주목을 받고 있다. 수퍼톤(Supertone)은 오디오와 음악을 위한 최첨단 AI 솔루션을 제공하는 회사로 보컬 합성 및 디노이징 기술을 중점 연구 중이다. 실시간 음성 향상

(real-time speech enhancement)과 표현력 있는 가창 및 음성 합성(expressive speech/singing synthesis) 분야에서 세계 최고 수준의 기술력을 인정받고 있다. 이를 기반으로 음성 통화, 음성 인식, 엔터테인먼트, 미디어, 콘텐츠 산업 등 인간의 삶에 다양한 응용 분야로 확장 중이다.

하이브와의 협력을 통해 수퍼톤은 음악과 기술의 융합을 추구하는 다양한 프로젝트를 진행 중인데 대표적인 사례로는 가수 이현의 목소리와 가창력을 유지하면서 다국어로 변환한 '미드낫(Midnatt)' 프로젝트가 대표적이다. 디지털 싱글 '마스커레이드(Masquerade)'를 세계 최초로 여섯 개 언어로 발매해 글로벌 팬 생성에 큰 역할을 했다. 또한 수퍼톤은 영상 음향 전문 기업인 라이브톤과 협력하여 영상 속 음향 품질을 극대화하는 솔루션을 공동 개발 중이다. 수퍼톤의 AI 음성 합성 기술은 앞서 언급한 고인의 목소리를 재현하는 것 외에, 디즈니 플러스 시리즈 〈카지노〉에서 배우 최민식의 젊은 시절 목소리를 구현하는 등 응용 분야를 확장해 나가고 있다. 최근에는 인터랙티브 AI 콘텐츠 플랫폼 '제타(zeta)'를 운영하는 스캐터랩과 협업하여 TTS 기술을 API 형태로 제공하며 대화형 게임 캐릭터 제작, 오디오북, 애니메이션, 채팅 서비스 등 다양한 분야로 확장 중이다.

참고문헌

박성국 · 장민호(2023). 인공지능 음색합성 음악의 권리 규정 연구. ≪문화산업연구≫, 23(4), 203-212.

하현종(2021.1.6). AI가 되살려낸 故 김광석의 소름 돋는 목소리. SBS 스브스뉴스. https://news.sbs.co.kr/news/endPage.do?news_id=N1006159273

Dutoit, T.(1997). *An Introduction to Text-to-Speech Synthesis.* Springer.

Hunt, A. J. & Black, A. W.(1996). Unit Selection in a Concatenative Speech Synthesis System Using a Large Speech Database.

Van den Oord, A., et al.(2016). WaveNet: A Generative Model for Raw Audio.

Wang, Y., et al.(2017). Tacotron: Towards End-to-End Speech Synthesis.

Zen, H., et al.(2009). Statistical Parametric Speech Synthesis.

05
AI와 음악 추천 알고리즘

기존의 협업/콘텐츠 기반 필터링 기법을 활용한 음악 추천 시스템을 넘어 현재 딥러닝 학습된 생성형 인공지능은 개인에게 맞춤형 플레이리스트를 생성하고 추천해 준다. 개인 맞춤형 추천 시스템을 통해 음악 리스닝 취향을 분석하고, 음악 소비 패턴을 변화시키며 더 나아가 아티스트 및 레이블의 전략에도 활용 가능하다. 하지만 알고리즘 편향으로 인한 음악 다양성 감소 등의 문제점도 존재한다.

AI와 아이돌?

AI 기반 음악 추천 시스템: 협업 필터링과 콘텐츠 기반 필터링 기법

오늘날 음악 스트리밍 서비스는 단순히 사용자가 좋아하는 곡을 저장하고 재생하는 기능을 넘어 인공지능 기반 맞춤형 플레이리스트 추천 기능을 제공한다. 초기 음악 추천 시스템은 협업 필터링(Collaborative Filtering)과 콘텐츠 기반 필터링(Content-Based Filtering)을 활용했지만, AI와 딥러닝 기술이 발전하면서 개인화 추천 시스템 기술은 더욱 정교해지고 있다. AI 음악 추천 시스템은 현재 스포티파이(Spotify), 애플뮤직(Apple Music), 유튜브뮤직(Youtube Music) 등에서 적극적으로 활용 중이다. 기존 음악 추천 시스템은 크게 협업 필터링과 콘텐츠 기반 추천 방식으로 나뉘는데 구체적인 내용은 다음과 같다.

협업 필터링(Collaborative Filtering)

다른 사용자의 음악 청취 데이터를 분석하여 비슷한 취향을 가진 사람들끼리 음악을 추천해 주는 방식이다. 예를 들어, A라는 사람과 B라는 사람이 비슷한 장르의 음악이나 곡을 많이 들었다면, A라는 사람에게 평소 듣지 않던 음악이라도 B가 즐겨 듣는 음악을 추천해 주는 방식이다. 이러한 추천 방식은 실제 청취 데이터가 충분히 존재하지 않는 신규 이용자의 경우에 추천의 품질이 좋지 않다는 단점이 있다. 즉 콜드 스타트(Cold Start)의 문제가 발생한다는 점인데 한편 인기 있는 음악이나 곡이 더욱더 많이 추천되는 일종의 트렌드 편중(Bias)이 발생될 확률도 높다. 또한 사용자의 기분이나 평소 즐기는 활동이나 시간대 등 맥락(context)적인 부분이 반영되지 않는 점도 한계점이 될 수 있다.

콘텐츠 기반 필터링(Content-Based Filtering)

비트, 템포, 장르, 악기 구성 등 음악(곡)이 지닌 특징을 분석해 유사한 곡을 추천하는 방식이다. 예를 들어, 사용자가 클래식 음악 중 고전 시대 음악을 좋아한다면 이 시대에 속하는 작곡가의 곡을 임의로 골라서 추천해 주거나 록 밴드의 음악을 즐겨 듣는 다면 이와 유사한 성격의 록 밴드 음악을 추천해 주는 방식이다. 이러한 추천 방식은 사용자의 기존 취향에서 크게 벗어나지 못하고 늘 듣던 음악만 추천을 하므로 새로운 스타일의 좋은 음악을 듣고 싶은 사용자에게는 추천의 품질이 낮아진다. 아울러 앞서 협업 필터링 시스템에서도 언급되었으나 사용자의 기분, 상태, 날씨, 기후, 시간대, 장소 등을 전

혀 고려하기 어렵다는 점도 한계점으로 드러난다.

AI 딥러닝을 통한 개인 맞춤형 '플레이리스트': DNN과 NLP 기반 알고리즘

최근 AI 기반 추천 시스템은 위의 한계를 극복하기 위해 딥러닝을 활용하여 보다 정교한 맞춤형 플레이리스트를 제공하고 있다. 딥러닝 기반 추천 시스템의 핵심은 다음과 같다.

첫째, 딥 뉴럴 네트워크(Deep Neural Networks, DNN)다. 사용자의 청취 이력을 학습해 사용자 취향을 예측하는 인공 신경망 기반 추천 알고리즘을 개발한다. 대표적으로 스포티파이(Spotify)의 디스커버 위클리(Discover Weekly) 추천 시스템에 활용 중이다.

둘째, NLP(Natural Language Processing) 기반 추천이다. 곡의 가사 및 메타데이터 분석을 통해 곡의 분위기나 감성적인 부분을 보다 강화해 추천을 하는 방식이다. 이러한 방식은 유튜브뮤직(YouTube Music)과 애플뮤직(Apple Music)에서 집중적으로 활용 중이다.

그 밖에 사용자의 실시간 반응(재생, 스킵, 좋아요 등) 데이터를 분석해 개인에게 최적의 추천을 제공하는 강화 학습(Reinforcement Learning) 시스템은 현재 넷플릭스, 스포티파이에서 채택 중인데 음악의 음파(비트, 템포, 멜로디)를 AI가 직접 분석해 사운드 측면의 유사성을 통해 추천하는 오디오 신호 처리(Audio Feature Extraction)에 활용된다. 대표적인 AI 음악 추천 시스템으로는 스포티파이의 디스커버 위클리와 데일리 믹스(Daily Mix)가 딥러닝 기반 협업 필터링과 오디오 분석 및 강화 학습을 결합한 형태의 추천 방식을 제공하고 있다. 인공지능은 개인적 취향 외에도 최근 이슈가 되고 있는 트렌드를 반영해 신곡 탐색의 기회를 제공하기도 한다. 여기에 듣기 중 스킵(skip: 다음 곡으로 넘어감) 기능을 추가해 이러한 데이터를 분석해 추천 시스템의 지속적인 개선에 반영한다. 스포티파이의 DNN과 바트(BaRT, Bandits for Recommendations as Treatments) 알고리즘이 대표적이다.

한편 국내 가장 많은 음악 사용자를 확보했던 음악 사이트 멜론의 사용자가 감소하고 유튜브뮤직 이용자가 증가하는 이유 중에 하나로 인공지능 기반의 자동 추천 플레이리스트 기능을 꼽는다. 유튜브뮤직은 사용자의 유튜브 검색 기록, 영상 시청 데이터를 분석해 음악 취향을 예측해 추천하고 있는데 자연어 처리(NLP)를 활용해 가사 및 제목을 분석하는 방식이다. 즉 사용자의 위치,

시간대, 활동(좋아하는 운동이나 휴식 등) 등 시청의 모든 데이터를 이에 활용하는 것이다. 사용자가 원하는 음악을 맥락(Context-Aware) 기반으로 추천하는 이 기술은 구글의 버트(BERT), 오디오셋(AudioSet) 데이터셋 기반 추천에도 적용 중이며 애플뮤직의 퍼스널라이즈드 믹스(Personalized Mixes)와 애플스 AI DJ(Apple's AI DJ)에도 활용중이다. 사용자의 라이브러리, 재생 횟수, 좋아요 표시 등을 분석해 AI DJ는 시리(Siri) 및 음성 인식을 활용해 자동으로 맞춤 음악을 제공하는 서비스다. 일종의 맞춤형 큐레이션을 제공하는 서비스라 할 수 있다.

AI 맞춤형 알고리즘과 음악 리스닝 취향 변화

인공지능은 음악 서비스 사용자의 청취 데이터를 수집 및 분석해 개인 맞춤형 '플레이리스트'를 제공한다. 스포티파이의 '디스커버 위클리', 애플뮤직의 '포유(For You)', 유튜브뮤직의 자동 추천 등이 대표적인 예라 할 수 있다. 앞서 언급한 음악 서비스 사용자의 청취 기록, 피드백(좋아요 혹은 싫어요), 청취 시간, 재생 빈도, 검색 내역, 위치 정보 등을 종합적으로 분석하고 각 개인의 맞춤형 추천 곡을 제시해 준다. 이를 통해 소비자들은 기존에 몰랐던 아티스트나 장르를 쉽게 접할 수 있으며 취향이 점점 AI가 제시하는 특정 음악 장르나 스타일에 의해 취향이 고착화될 가능성도 존재하며 새로운 음악 탐색의 방식이 사용자의 '자발적' 검색이 아닌 시스템 추천 기반의 '편향된' 검색이 될 가능성도 크다.

또한 과거 라디오 방송이나 음반 구매 중심이었던 음악 소비는 AI 기반 스트리밍 서비스로 인해 온디맨드(on-demand) 방식으로 이동했다. 즉 사용자는 원하는 곡을 즉시 들을 수 있으며, AI 추천을 통해 자동으로 음악을 감상하는 패턴이 증가하고 있다. 음악 감상이 일종의 배경음악(BGM)화되면서, 집중적 청취보다 수동적 형태의 청취가 증가하고 있다. 이를 통해 소비자들은 다양한 상황(운동, 공부, 운전, 휴식)에 맞춰 AI 큐레이션 음악을 선호하게 되며 특정 장르나 아티스트에 대한 충성도보다는 로파이(Lo-Fi), 칠(Chill), 포커스 뮤직(Focus Music)과 같은 특정 분위기나 상황 기반의 음악을 더 많이 소비하게 되며 짧고 즉각적인 만족감을 제공하는 숏폼 콘텐츠, 틱톡(TikTok)과 같은 형태에 배경음악으로 넣기 좋은 곡들이 차트에 진입하는 등 청취 형태가 변화하고 있다.

한편 AI 추천 시스템은 음악 리스너에게 익숙한 음악

소비(Exploitation)의 비율과 새로운 음악 탐색(Exploration)의 비율에 대해 고민하게 된다. 즉 사용자가 평소 즐겨 듣는 음악은 익숙하기 때문에 싫어할 확률은 줄어든다. 하지만 계속 익숙한 음악만 듣게 된다면 가끔 새로운 스타일의 좋은 음악을 듣고 싶은 사용자에게는 불만족스러운 결과를 낳게 될 것이다. 이러한 점을 보완하기 위해 새로운 음악적 탐색을 추천하게 되는데 스포티파이의 탐색과 활용(exploration & exploitation) 전략이 바로 이에 해당된다. 여기에 전략적으로 어떤 새로운 음악을 추천할 것이냐에 따라 리스닝 취향은 변화될 수 있다. 물론 이러한 방식은 기존 차트 내 인기곡 예를 들어 탑100(top100)과 같은 차트 곡들 중심에서 개개인의 취향 다변화를 촉진하는 효과를 줄 수 있으며 청취자의 선호도가 더욱 세분화되고, 특정 분위기나 활동, 예를 들어, 운동, 공부, 휴식에 맞는 음악 소비를 증가시키는 효과를 낳을 수 있다.

AI 맞춤형 알고리즘 개발로 인한 음악 산업적 측면에서의 효용과 양면성

AI 추천 시스템은 스포티파이, 애플뮤직, 유튜브뮤직, 디저(Deezer) 등 스트리밍 플랫폼의 영향력을 더욱 강화하고 있다. 기존에는 레이블과 라디오가 음악 시장을 주도했다면, 이제는 플랫폼의 알고리즘이 시장을 좌우하는 것이다. AI가 추천하는 플레이리스트, 예를 들어 스포티파이의 '랩캐비어(RapCaviar)', '오늘의 최고 히트곡(Today's Top Hits)'에 포함되는 것이 아티스트의 성공을 결정하게 되었다. 이를 통해 인디 아티스트들도 AI 추천을 통해 글로벌 청취자들에게 노출될 기회가 증가하게 되었으나 플레이리스트에 포함되지 않으면 음악이 묻힐 가능성도 높아졌다. 대형 레이블이 AI 최적화 전략을 활용하여 알고리즘 추천에 유리한 방식으로 곡을 전략적으로 제작하는 사례도 증가하고 있다. AI 추천 시스템이 특정 스타일의 곡을 선호하면 아티스트와 제작자들은 알고리즘에 최적화된 음악을 만드는 것이다. 구체적으로는 2~3분 내외의 짧은 길이, 강한 후크(hook), 반복적인 멜로디가 강조되는 곡들이 인기를 얻고 틱톡, 인스타그램 릴스(Instagram Reels) 등 숏폼 플랫폼에 최적화된 형태의 음악을 제작하는 데 집중하는 현상이 증가하고 있다. 이를 통해 전통적인 앨범 중심에서 싱글(single) 중심으로 음악 소비 패턴은 변화하고 AI가 추천하는 곡들이 주로 인기를 끌면서 음악의 획일화 가능성도 우려된다. AI 분석을 활용한 데이터 기반 히트곡 제작이 활성화 가능성이 크다. 또한 AI 맞춤형 추천 시스템의 발전으로 인해 음악 저작권 및 수익 모델에도 변화가 발생한다. 스트리밍 서비스에서는 재생 횟수에 따라 수익이 배분되므로, AI 추천을 많이 받는 음악이 높은 수익을 창출하게 되며 AI 생성 음악(AI-composed music)과 인간 작곡 음악 간의 저작권 문제도 증가하고 있다. AI 기반 음악이 증가하면, 플랫폼이 직접 AI 음악을 제작하여 라이선스 비용을 줄이는 방향으로 확대될 가능성이 크다. 이를 통해 AI가 생성한 음악과 인간 작곡 음악 간의 경계가 모호해지고 새로운 음악 저작권 규제 및 법적 문제가 커질 가능성이 크다. 아티스트의 수익이 스트리밍 플랫폼의 정책에 따라 좌우되면서 공정성의 문제가 발생할 소지도 클 것으로 예측된다. 정리하면, AI 맞춤형 알고리즘은 음악 소비자, 아티스트, 그리고 산업 전반에 긍정적인 영향을 미치지만, 동시에 여러 가지 부정적인 측면도 존재한다. 이를 소비자, 아티스트, 음악 산업적 측면에서 살펴보자.

소비자 측면에서는 AI 추천 시스템을 통해 개별 사용자의 취향에 맞는 음악을 쉽게 탐색할 수 있는 기회가 확대될 수 있다. 기존에는 직접 검색하거나 라디오, 음반 가게 등을 통해 음악을 접했다면, 이제는 AI가 개인의 선호도를 분석하여 적절한 곡을 자동으로 추천해 주므로 새로운 음악을 발견하는 과정이 편리해진 것이다. 그러나 한편으로는 AI가 특정한 음악 스타일이나 장르를 반복적으로 추천함으로써 사용자의 취향이 좁아지는 필터 버블(Filter Bubble) 현상이 발생할 가능성이 크다. 이는 음악의 다양성을 감소시키고, 사용자가 새로운 스타일의 음악을 접할 기회를 제한한다.

아티스트 측면에서는 AI 추천 시스템 덕분에 인디 뮤지션들도 글로벌 청취자들에게 노출될 기회가 증가하게 된다. 과거에는 대형 레이블의 홍보력에 의존해야 했던 신인 아티스트들도 AI가 추천하는 플레이리스트에 포함되면 더 많은 청취자들에게 음악을 들려줄 수 있다. 하지만 역으로 AI 알고리즘이 특정한 음악 스타일을 선호하게 되면 아티스트들은 AI에 최적화된 방식으로 곡을 제작해야 하는 압박을 받게 된다. 예를 들어, 스트리밍 환경에서는 곡의 재생 시간이 짧고 강한 후크를 가진 음악이 유리하기 때문에 아티스트들이 창의성을 발휘하기보다는 이러한 경향에 맞춰 곡을 제작해야 하는 상황이 발생할 수 있다는 것이다.

마지막으로, 음악 산업 측면에서는 AI 추천 시스템이 스트리밍 플랫폼을 통해 음악을 소비하는 방식을 더욱 활성화하며 수익 창출의 기회를 확대하고 있는 것이 현실이다. AI가 큐레이팅하는 플레이리스트에 포함되면 해당 곡의 스트리밍 횟수가 증가하며 이를 통해 수익이 증가한다. 그러나 이러한 시스템은 동시에 플랫폼 종속성을 심화하는 문제를 야기한다. 아티스트와 레이블이 AI 추천 시스템의 알고리즘을 이해하고 최적화하려는 방향으로 움직이면서 플랫폼과 AI 기술을 보유한 기업에게 음악의 제작, 창작의 주도권이 넘어갈 수 있다.

AI 맞춤형 알고리즘은 음악 청취자와 소비자에게 더욱 정교한 음악 경험을 제공하고 음악 산업의 혁신을 가속화한다. 그러나 한편으론 플랫폼 의존성 증가, 음악의 획일화와 취향의 편협화, 알고리즘 편향성 등의 문제가 발생하고 있다. 따라서 음악 산업은 AI 기술을 잘 활용하되 다양성과 창의성을 유지할 수 있는 균형점을 찾는 것이 중요하다고 볼 수 있을 것이다.

참고문헌

Dutoit, T.(1997). *An Introduction to Text-to-Speech Synthesis.* Springer.

Ricci, F., et al.(2015). Recommender Systems: Introduction and Challenges. *Recommender Systems Handbook.* Springer. 1-34.

YouTube Music Research Team(2021). Using AI to Personalize Music Discovery at Scale. Google AI Blog.

06
AI와 음악 교육

인공지능은 음악 교육 분야에도 혁신을 가져왔다. 팬데믹 이후 온라인 활용이 증가했으며 개인 맞춤형 학습, 실시간 피드백, 음악의 창작 교육 영역으로 확장되고 있다. AI는 학습자의 연주를 분석해 실시간 교정을 제공하며, 작곡 지원을 통해 창의성을 높인다. 그러나 인간의 감성적 피드백과 즉흥 연주 지도에 한계가 존재하며 인간 교사의 역할을 온전히 대체하기는 어렵다.

AI와 야구?

팬데믹과 음악 교육: 온라인 교육시스템으로의 전환 및 AI의 활용

팬데믹(Pandemic)은 전 세계적으로 디지털 온라인 교육 시스템을 더욱 빠르게 안착시켰으며 태어날 때부터 디지털 기기를 접한 '디지털 네이티브(Digital Native)' 세대에게 이러한 교육 환경의 변화는 적응 속도를 더욱 높이는 데 효과적이었다.

음악 교육은 다른 예술 교육과 마찬가지로 인간의 감성적인 영역을 다루기 때문에 다른 학습 분야보다 인간에 의해 이루어지는 것이 필수적이라 여겨진다. 그러나 코로나19가 장기화되면서 기존의 오프라인 수업은 대부분 온라인으로 전환되었으며 이후 온라인 중심의 교육 시스템이 자리 잡기 시작했다. 이러한 배경 속에 인공지능 기술은 음악 교육에 어떤 변화를 가져왔을까? 기존 음악 교육 방식 즉 전통적인 대면 위주의 교육과 인공지능 기술을 활용하지 않았던 기존 온라인 강의에서의 한계점 등을 먼저 생각해 볼 수 있다.

AI 기반 음악 교육 시스템은 머신러닝(Machin Learning), 딥러닝(Deep Learning), 자연어 처리(Natural Language Processing), 컴퓨터 비전(Computer Vision) 등 AI 기술을 활용해 학습자가 보다 효율적으로

음악을 배우고 창작할 수 있도록 도울 수 있다. 즉 개인 맞춤형 교육, 실시간 피드백, 음악의 창의성 향상에 효율적인 측면이 있다. AI가 어떻게 음악을 분석하고 학습자에게 피드백을 제공하며 작곡과 편곡 과정을 돕고 지원하는지에 대해 보다 자세히 알아보자.

가장 먼저 음악 분석과 개인 맞춤형 교육이 가능하다. 기초적인 수준의 음악 분석은 물론 딥러닝을 활용한 오디오 분석(음정, 리듬, 다이내믹 등)이 가능하며 이러한 AI 기술 적용은 실제 음악을 연주하는 학습자의 연주를 분석하고 실시간으로 연주자의 고쳐야 할 부분을 분석해 교정하고 제안해 주는 역할도 가능하다. 즉 개인 맞춤형 음악 커리큘럼, 즉각적인 피드백, 연습 최적화를 위한 연습 루틴(방식) 제안, 다양한 연주자의 음악 연주 스타일을 분석해 다양하고 종합적인 연주 방식 교육이 가능하다는 점이다. 또한 인공지능의 자연어 처리 방식을 통해 음악의 이론적인 학습 지원도 가능하다.

작곡 및 창작에서도 인공지능 기술의 활용 측면이 존재한다. 작곡과 창작을 막연하게 생각하는 학습자들에게 패턴화된 리듬이나 선율, 화성 흐름을 일부 제시해 일반적으로 어렵게 느껴지는 음악 창작의 문턱을 낮출 수 있으며 이는 곧 학습자들의 자기 효능감을 높이는 데 도움을 줄 수 있다. 아울러 자동 편곡 기능과 코드(혹은 화음) 진행 추천이 가능한 AI도구를 통해 향후 인공지능과 협업하는 창의적인 음악 학습 방법 교육 프로그램 개발도 가능하다.

AI를 활용한 대표적인 음악 교육 도구와 특징

인공지능 기술을 활용한 음악 교육의 실제 사례와 구체적 특징을 살펴보면 다음과 같다.

AI 기반 연주 교육 도구

스마트뮤직(SmartMusic)은 AI 기반 음악 교육 플랫폼으로, 연주 분석 및 실시간 피드백은 물론 방대한 악보 라이브러리, 개인 맞춤형 연습 지원 기능을 제공하고 있다. 특히 교사는 학생의 연습 기록을 추적하며 과제를 부여하고 피드백을 제공하며 원격 학습과 합주 연습이 가능하다. 유시안(Yousician)은 기타, 피아노, 베이스, 우쿨렐레, 보컬 교육을 기본적으로 제공하며 AI가 사용자의 연주를 실시간으로 분석해 정확도와 리듬을 평가하고 즉각적인 피드백을 제공하고 있다. 단계별 레슨, 연습 모드, 게이밍(gaming)을 활용한 학습 방식이 특징적이다. 심플리 피아노(Simply Piano)는 초보자를 위한 AI

기반 피아노 학습 도구로 단계별 레슨과 실시간 피드백을 제공한다. 사용자가 연주하는 소리를 인식해 정확도와 리듬을 분석할 수 있으며 인기 곡 연주, 손가락 위치 안내, 양손 연습 기능 등이 특징적이라 할 수 있다. 이러한 사례는 모두 개인 맞춤형 학습, AI 기반 실시간 피드백, 게이밍을 이용한 인터랙티브(interactive) 연습을 제공하는 현재 상용화된 온라인 음악 교육 서비스라 볼 수 있다. 음악의 테크닉을 가르치기 위해 기존에 설계된 많은 컴퓨터 프로그램과 달리 '지능형' 튜터가 등장한 셈이다(Eaton & Bhattacharya, 2020).

인간-AI 협업을 통한 창의적 학습: 작곡 및 편곡을 위한 학습 도구

AI가 기본 멜로디를 생성하고 학습자가 이를 발전시키는 방식이 가능하다. 즉 AI가 네 마디 선율을 제시하면 학습자가 이를 발전, 확장하는 방식으로 작곡 교육이 가능하다는 것이다. 앰퍼 뮤직(Amper Music)은 AI가 주어진 멜로디에 적절한 코드 진행을 추천해 주며 자동 코드 진행 추천 시스템을 제공한다. AI가 자동으로 멜로디, 화음, 리듬을 조합하여 곡을 생성하는 것이다. 학습자는 음악 장르, 템포, 악기 구성을 선택할 수 있으며, 생성된 음악을 편집하거나 조정할 수 있다. 또한 AI가 코드 진행을 추천하고 특정 스타일에 맞는 편곡을 자동 지원해 작곡 과정을 보조한다.

에이바(Artificial Intelligence Virtual Artist, AIVA)는 클래식 음악 스타일 학습을 돕고 관련 AI 작곡을 활용한 창의적 교육이 가능하게 돕는 역할을 제공한다. 아울러 AI가 기존 곡을 다른 음악 스타일로 변환하여 학습자에게 가이드를 제공해 주기도 한다.

구글(Google)의 마젠타(Magenta)는 머신러닝을 활용한 음악 창작 교육이 가능한 프로그램이며, 멜로드라이브(Melodrive)는 사용자의 행동이나 환경, 감정 상태 등을 분석해 음악을 동적으로 조절하는 실시간 적응형(Adaptive Music) 음악 학습 프로그램이 특징적이며 뮤즈넷(MuseNet)은 열다섯 개 이상의 장르를 조합하여 최대 4분 길이의 음악을 생성할 수 있으며 '모차르트 스타일의 재즈'와 같은 장르 혼합형 음악 제작이 가능하다. 다만 실시간 반응 기능은 없고 미디파일을 출력하는 방식이다.

그 외에 빅데이터와 AI 기반 맞춤형 음악 교육(이론, 감상, 가창, 연주 지원) 플랫폼 뮤(MEW), AI작곡 기능을 기본적으로 제공하며 학습자들이 다양한 장르의 음악을 창작할 수 있도록 돕는 뮤지아 원(Muzia One)이 있고, AI 기반 피아노 교육 앱 칸타빌레(Cantabile)는 난이도별 악보 편곡 및 연습 도구를 제공해 준다. 리마(RIMA)는 로봇 악기와 AI 음악 기술을 결합해 AI 피아노 마이스터 자격증 과정을 운영하며, 롤리 에어웨이브(Roli Airwave)는 AI 피아노 교사를 통해 디지털 테레민(전자 악기의 일종)과 실시간 피드백 기능을 제공한다.

앞서 언급한 서비스는 AI를 활용해 음악 창작과 음악 학습을 돕는 역할을 수행하며 공통적으로는 음악 생성, 편곡 지원, 실시간 피드백 제공 등 기능을 통해 창의적인 과정과 효율적인 학습을 촉진하는 역할을 수행한다.

AI를 활용한 음악 교육의 장점

AI 기술을 활용한 음악 교육 시스템은 학습자 맞춤형 교육을 가능하게 하고, 보다 효율적인 학습 환경을 제공하는 등 혁신적인 접근 방식이라 할 수 있다. AI를 음악 교육에 활용 시 긍정적인 측면에 대해 정리하면 다음과 같다.

첫째, 개인 맞춤형 학습 및 경험 제공이 가능하다. AI는 학습자의 실력 수준을 분석하고 개별적인 피드백을 제공함으로써 맞춤형 학습이 가능하다. AI가 연주의 정확도를 분석하여 실시간으로 피드백을 제공하므로, 학생들은 자신의 실수를 즉각적으로 확인하고 교정할 수 있다. AI는 학습자의 수준과 학습 스타일을 분석하여 개인화된 학습 계획을 제공할 수 있다. 이를 통해 학습자들은 자신의 학습 속도에 맞춰 학습할 수 있으며, 실시간 피드백을 통해 연주 실력을 향상시킬 수 있다. 예를 들어, AI 기반 플랫폼은 학생의 연주를 분석하고 즉각적인 피드백을 제공하여 학습 효율을 높일 수 있다.

둘째, 혁신적인 교육 도구 도입이 가능하다. AI 기술을 활용한 새로운 교육 도구들이 개발되어 음악 학습을 더욱 흥미롭고 효과적으로 만들고 있다. 예를 들어, 롤리 에어웨이브는 적외선 카메라가 롤리 비전 기술로 학습자의 손가락 움직임을 정밀하게 추적해 개인화된 학습 경험을 제공하는 지능형 피아노 학습 도구다. 이 장치는 오픈AI(OpenAI)의 챗GPT(ChatGPT)를 통합하여 음성 명령을 통한 레슨 상호 작용도 가능케 한다.

셋째, 학습 만족도를 향상시킨다. AI 기술을 활용한 교육은 학습자의 만족도를 높이는 데 기여한다. 한 연구에서는 AI 안경을 활용한 피아노 교육이 수업 내용, 교사와의 상호 작용, 학습자 간 상호 작용, 수업 시설에 대한 인식을 통해 학생들의 학습 만족도에 긍정적인 영향을 미친다는 결과를 보여 주고 있다(관서빈, 2024). AI 기술을 활용한 음악 교육은 맞춤형 학습, 실시간 피드백, 게임을 활용한 흥미 유발 학습 환경, 인터랙티브 연습 기능을 제공하여 학습자의 만족도를 높일 수 있다. 전통적인 음악 교육이 제공하기 어려운 즉각적인 피드백과 개별 맞춤형 학습 경험을 AI가 보완하면서 음악 학습을 더욱 효과적이고 재미있게 만들기 때문이다.

넷째, 창의성 개발 지원이 가능하다. AI는 단순한 연주 교육뿐만 아니라 작곡 및 편곡을 지원하는 기능도 제공한다. AI 기반 작곡 프로그램, 예를 들어 에이바나 앰퍼 뮤직은 다양한 리듬, 화음, 멜로디를 추천하거나 자동으로 생성해 학습자들이 다양한 스타일로 음악을 창작할 수 있도록 도와준다. 즉, 인간의 창작 및 작곡 과정을 도와주는 역할을 한다. 이를 통해 학습자들은 자신의 내재된 음악적 창의성을 발휘하고 자신만의 작품을 만들어 가는 경험을 쌓을 수 있도록 돕는 역할을 한다.

마지막으로, 경제적 지리적 제약을 극복할 수 있게 해준다. AI 기반의 음악 교육 시스템은 주로 온라인을 기반으로 이루어진다. 이러한 특성으로 경제적, 지리적 제약을 줄이고 누구나 쉽게 음악을 배울 수 있도록 한다. 아울러 기존의 음악 교육은 교습비가 부담되거나 교사와의 접근성이 낮을 수 있지만 AI 기반 앱과 온라인 학습 도구는 상대적으로 저렴한 비용으로 고품질의 교육을 제공받는 것이 가능하다. 인터넷 연결만 된다면 어디서든 음악 교육을 받을 수 있기 때문에 음악 교육의 보편성을 높이는 데 기여할 수 있다. 즉, 다양한 음악 교육의 접근성을 확장하는 데 효과적이라 할 수 있다.

AI를 활용한 음악 교육의 한계점

AI는 학습자의 감정을 이해하거나 음악적 감성을 평가하는 데 한계가 존재한다. 음악 연주는 단순한 음정과 리듬의 정확성을 넘어서 감성 표현이 중요한데 AI는 이를 분석하기 어렵다. 아울러 AI는 인간 교사처럼 감정적인 조언이나 음악적 해석을 제공할 수 없다. 즉, 감성적 피드백이 어렵다. 또한 인공지능은 정해진 패턴을 분석하는 데 강하지만, 즉흥성이 필요한 연주나 창의적인 음악 표현을 지도하는 데는 한계가 있다. 재즈나 현대 음악과 같이 즉흥성이 중요한 장르에서는 AI의 분석 능력이 크게 제한적일 수 있다는 말이다. 따라서 이러한 분야에서는 학습자들이 창의적으로 연주하거나 변형하는 과정에 AI가 적절한 피드백을 제공하는 것이 어렵다. 다시 말해 즉흥 연주 및 창의적 표현 지도에 한계가 존재한다.

또한 AI는 학습자의 기술적인 측면을 분석하는 데 유용하지만, 음악적 감각, 예술적 해석, 창의성 개발 등의 영역에서는 인간 교사의 역할을 대체하기 어렵다. AI는 학생의 감정을 공감하거나, 동기 부여를 하거나, 개인적인 맞춤형 지도, 예를 들어 손가락 움직임 교정이나 연주 스타일 조정 등을 제공하는 데는 한계가 있다.

아울러 음악 교육은 단순한 기술 습득을 넘어 문화적 배경과 역사적 이해가 필요한데, AI는 이러한 맥락을 충분히 전달하기 어렵다. 다시 말해, 당연한 이야기일 수도 있지만 인간 교사의 역할을 완전히 대체하기는 어렵다. AI 기반 음악 교육 시스템은 아직 완벽하지 않으며, 기술적 오류나 데이터 편향의 문제를 포함할 수 있다. AI 시스템이 충분한 학습 데이터를 갖추지 못하면 피드백의 정확도가 떨어질 수 있다. 사용자의 연주 환경, 예를 들어 마이크 감도, 잡음, 연주자의 손 위치 등) 따라 AI의 분석 결과가 부정확할 가능성이 있다. 기술적 한계 및 오작동 가능성이 크다.

또 한 가지 우려되는 점은 AI를 활용한 음악 교육이 활성화될수록 전통적인 음악 교육에서 중요한 인간적 요소, 즉 교사와의 상호 작용, 동료와의 합주 경험 등이 상대적으로 줄어들 수 있다. 학생들은 혼자 학습하는 시간이 증가하면서 협업이나 합주 경험을 할 기회가 감소할 수 있으며 이로써 향후 음악 교육에서 중요한 사회적, 문화적 경험이 부족해질 가능성이 존재한다.

AI를 활용한 음악 교육의 미래

AI를 활용한 음악 교육은 개인 맞춤형 학습, 학습 효율성 향상, 음악 창작 지원, 실시간 피드백 제공 등의 장점을 통해 기존 음악 교육 방식을 혁신하고 있는 것은 분명 사실이다. 또한 AI 도구들은 경제적이고 접근성이 높아 음악 교육의 보편화를 촉진하는 긍정적 역할을 한다. 그러나 AI 기반 음악 교육은 감성적 피드백에서는 부족함이 있으며, 즉흥 연주 및 창의적 표현 지도에는 여전히 한계가 있다. 아울러 기술적 오류 가능성이 크며, 인간 교사의 역할 대체 불가능한 측면이 존재한다. 따라서 AI는 음악 교육에서 '보조적인' 역할 수행에 한해 진행되어야 할 것이며 인간 교사와의 협업을 통해 최적의 학습 효과를 이끌어 내는 방식으로 활용되는 것이 가장 바람직하다고 볼 수 있다.

참고문헌

관서빈(2024). 인공지능 안경을 활용한 음악 교육의 효과성 분석:

피아노 교습생의 학습 만족도 평가를 중심으로. ≪문화산업연구≫, 24(4), 15-21.
신창섭(2024). 인공지능 음악을 적용한 실용음악 교육 커리큘럼 개발연구. ≪상품학연구≫, 42(6), 57-62.
윤관기(2021). 인공지능(AI)을 활용한 음악교과 창작수업 지도방안 연구. ≪교육연구≫, 80, 369-385.
이화영(2023). 포스트-코로나 시대에 맞춘 문화산업의 연구: 에듀테크를 활용한 음악 교육 콘텐츠 적용 가능성에 대한 제언. ≪문화산업연구≫, 23(1), 13-20.
홍정민(2021). 『에듀테크의 미래: 코로나 이후 에듀테크가 바꾸는 미래의 교육』. 서울: 책밥.
Business Research Insight Report(2024). 온라인 음악 교육시장에 대한 보고서. https://www.businessresearchinsights.com/ko/market-reports/online-music-education-market-108932
Eaton, J., & Bhattacharya, J.(2020). AI and Music Pedagogy: How Artificial Intelligence is Changing the Way We Learn Music. In Proceedings of the AI in Education Conference.

07
AI와 음악 콘서트 공연

AI 기술은 음악 공연 산업의 디지털 전환을 가속화하며 공연기획, 무대 연출, 음향 최적화, 관객 참여 방식 등을 혁신하고 있다. AI는 데이터 분석을 통해 최적의 공연 기획을 제시하고 실시간으로 음악과 관객 반응을 분석한다. 조명 및 영상 효과의 자동 조정, 실시간 음악 생성을 통해 공연의 몰입감을 높인다. 향후 인간과 AI 협업은 미래 공연 산업에 주요 핵심이 될 전망이다.

AI와 윤동주?

음악 콘서트, 공연 산업의 디지털 전환과 AI 기술의 도입

음악 공연 산업은 디지털 기술의 발전과 함께 급격한 변화를 겪고 있으며, AI 기술은 이 산업의 핵심 혁신 요소로 자리 잡고 있다. 초기에는 단순한 음향·영상 기술 개선에서 시작했으나 현재는 공연 기획, 무대 연출, 관객 참여 방식까지 AI가 깊숙이 개입하고 있기 때문이다.

음악의 라이브 공연은 과거 아날로그 방식에서 디지털 방식으로 전환되면서 더 정교한 사운드, 무대 연출, 인터랙티브 기술을 도입하고 있다. 과거 라이브 공연은 음향, 조명, 무대 연출 등이 대부분 수동으로 운영되었으며 공연의 품질은 공연장 환경과 엔지니어의 역량에 크게 의존적이었다. 아날로그 믹싱 콘솔 사용과 필름 기반 조명과 수동 무대 연출, 공연장의 물리적 공간 제약으로 인해 청중 규모도 제한적이었다고 볼 수 있다.

디지털 기술의 도입 시기(1990~2000년대 초반)에는 디지털 믹서, LED 조명, 디지털 음향 시스템 등의 도입으로 공연의 품질과 효율성이 크게 향상되기 시작했다. 음향 조정의 자동화 및 저장 기능(디지털 믹싱 콘솔)이 추가됐으며 미디(MIDI) 및 디지털 악기를 통해 다양한 음향 효과와 샘플링 활용이 가능해졌고 아울러 대형 공연장에서 3D 프로젝션 매핑과 같은 새로운 시각적 경험 제공이 가능해졌다. 이후 인터넷과 스트리밍 기술 발전기(2010년대)에는 고속 인터넷과 클라우딩 기술이 발전하면서 공연의 디지털화가 가속화되었다고 볼 수 있다. 유튜브 라이브(YouTube Live), 틱톡 라이브(TikTok Live)와 같은 고정적인 라이브 스트리밍 채널이 등장하기 시작했으며 디지털 티켓 시스템(QR 코드, 블록체인 티켓 등) 및 관객 데이터 분석을 통한 개인 맞춤형 공연 기획도 증가했다. 2022년 11월 오픈AI가 개발한 프로토타입 대화형 인공지능 챗봇, 챗GPT의 등장으로 AI를 활용한 공연 기획과 대본 구성의 수준도 높아지고 있다.

AI 음악 관련 공연 산업의 활용 분야와 대표적인 사례

가장 먼저 주목할 첫째는, AI 기반 공연 기획 및 연출 분야의 챗GPT 활용이다. AI가 데이터 분석을 통해 관객 선호도를 예측하고 최적의 공연 장소 및 일정 추천하는 공연 '기획'을 AI를 통해 자동화할 수 있게 되었으며 AI가 실시간으로 음악 및 관객 반응을 분석하여 조명, 영상 효과를 자동 조정하는 기능, 예를 들어 베리티 스튜디오(Verity Studios)의 드론 쇼, AI 기반 조명 연출이 가능해졌다. 다음은 챗GPT에게 공연 기획을 요청했을 때의 답변 예다.

질문 내용: 다양한 음악 장르를 초월한 음악 페스티벌을 기획하려고 하는데 기획안을 작성해 줄래?

챗GPT 답변:
[페스티벌 명] : Beyond Sound Festival 2025(장르를 초월한 음악과 기술의 융합)

1. 페스티벌 개요
페스티벌 명: Beyond Sound Festival 2025
일정: 2025년 XX월 XX일 (금) ~ XX월 XX일 (일)
장소: 서울/부산/제주 (장소 미정)
슬로건: "모든 소리를 넘어서, 새로운 음악의 세계로"
특징: AI를 활용한 메타버스 공연, 아티스트 협업
주최/주관: (주최사, 후원사 기재)

2. 페스티벌 컨셉 & 기획 의도
다양한 장르를 초월한 음악 경험 제공
K-POP, 힙합, EDM, 재즈, 클래식, 인디, 월드뮤직, 퓨전 등

장르 제한 없는 무대

전통 음악과 현대 음악의 크로스오버

인공지능 & 미래 기술과의 융합

AI 뮤지션 및 가상 아티스트 공연

관객 참여형 AI 작곡/리믹스 체험

메타버스에서 VR/AR 기반 온라인 공연 제공

인터랙티브 & 몰입형 공연 연출

실시간 관객 반응을 반영하는 인터랙티브 무대

360도 서라운드 사운드 시스템 적용

3. 주요 프로그램

☐ Main Stage - 장르 초월 콜라보 무대

K-POP 아이돌 × 오케스트라 협연

EDM DJ × 국악 연주자 콜라보

힙합 아티스트 × 재즈 밴드 협업

AI 아티스트와 실제 가수의 듀엣 무대

☐ Future Sound Lab - AI & 기술 기반 공연

AI 작곡가가 만든 라이브 퍼포먼스

AI 보컬을 활용한 다국어 공연

가상 아이돌과 인간 아티스트의 합동 무대

☐ Beyond Experience - 체험형 콘텐츠

AI 뮤직 리믹스 워크숍

VR/AR 기반 메타버스 공연 체험

팬들이 직접 참여하는 AI 작곡 챌린지

□ Community & Talk

음악과 AI의 미래 토크 콘서트

유명 뮤지션 & AI 음악 전문가 패널 토론

NFT & 블록체인 기반 음악 유통의 가능성 강연

4. 기대 효과 및 목표

□ 음악의 경계를 허무는 혁신적인 페스티벌

장르, 국가, 세대를 초월하는 새로운 음악 경험 제공

음악과 AI 기술의 융합으로 미래형 공연 트렌드 선도

□ 글로벌 & 로컬 아티스트 간의 교류 플랫폼

전 세계 아티스트와 국내 신진 아티스트의 협업 기회 창출

지역 음악 생태계 활성화 및 글로벌 네트워크 구축

□ 관객 참여 중심의 몰입형 경험

메타버스 & AI 기술을 활용한 팬 참여 확대

NFT 기반 티켓과 굿즈 제공으로 디지털 팬덤 형성

5. 예산 및 운영 계획

(세부적인 예산 및 파트너사 협력 방안 필요)

총예산: XX억 원

수익 모델: 티켓 판매, 스폰서십, NFT 및 MD 판매, 스트리밍 수익 등

주요 파트너: 음악 플랫폼, AI 기업, 음향 기술사, 공연장 협력업체 등

6. 마케팅 & 홍보 전략

SNS 바이럴 캠페인(챌린지, AI 음악 체험 공유)

K-POP 팬덤 기반 글로벌 홍보

AI & 음악 전문가들과 협업한 콘텐츠 제작

페스티벌 개요, 콘셉트와 기획 의도, 주요 프로그램, 기대 효과 및 목표, 예산 및 운영 계획까지 구체적인 기획안을 제시하고 있다. 물론 위의 기획안대로 실현 가능하다고 보기 어렵고 구체적인 예산안도 제시하고 있지 못하다. 그럼에도 이러한 기능은 처음 '기획'을 시도하려는 사용자에게는 매우 유용한 가이드를 제공하고 있음을 알 수 있다.

둘째는 AI 아티스트 및 가상 연주자와의 협연이다. AI가 실시간으로 반응하며 인간 연주자와 협연이 가능해졌다. AI 재즈 로봇 시몬(Shimon) 및 AI 보컬 생성 기술

을 활용한 가상 가수인 일본의 하쓰네 미쿠, 한국의 이터니티(Eternity) 등이 대표적인 예라 할 수 있다. 최근 카이스트는 AI 피아니스트와 인간 연주자가 함께하는 공연을 선보였는데 이 공연에서 AI 피아니스트는 딥러닝을 통해 악보를 학습하여 스스로 연주하며, 인간 연주자와의 합주를 통해 감성적인 연주를 구현해 주목을 받았다. 또한 SM 엔터테인먼트의 가상 아티스트 '나이비스'는 걸그룹 에스파와 함께 무대에 올라 현실과 가상의 경계를 허무는 공연을 펼쳐 AI 기술을 활용한 새로운 공연 형태를 제시하기도 했다. 광주과학기술원(GIST)에서는 AI 피아노와 바이올리니스트, 첼리스트가 함께하는 협연 공연을 기획했는데, 이 공연은 AI와 인간 연주자의 합주를 통해 새로운 음악적 가능성을 제시했다고 볼 수 있다. 이모션웨이브의 리마(RIMA, Real-time Interactive Music AI)는 AI와 로봇 기술을 융합하여 실시간으로 음악을 연주하고 창작을 돕는 플랫폼인데 이 시스템은 로봇 악기와 AI 음악 기술 결합을 활용해, 워싱턴과 의왕 간 약 1만 1000킬로미터의 거리를 초월한 실시간 원격 협연에 성공했다. 여기에 활용된 기술은 5G 초저지연 네트워크와 뮤직 트랜스크립션 AI(Music Transcription AI)를 통해 이루어졌는데 원격지에서도 실시간 동시 연주가 가능했다는 점에 주목을 받았으며 향후 AI와 인간의 장거리 협연의 가능성을 보여 주었다.

마지막으로 주목할 점은, AI를 활용한 증강현실(AR) · 가상현실(VR) 공연이라 할 수 있다. VR 콘서트 및 메타버스 공간에서의 공연이 등장했다. AI를 활용한 가상공간에서의 콘서트 진행 중 대표적인 예로 트래비스 스콧(Travis Scott)의 포트나이트(Fortnite) 가상 콘서트(2020), 방탄소년단(BTS) 메타버스 공연(2021), 블랙핑크(BlackPink)의 PUBG(PlayerUnknown's Battlegrounds: 배틀로얄 슈팅 게임의 하나) 콘서트(2022) 등이 주목을 받았다. 확장현실(XR) 기술도 주목할 부분인데 라이엇 게임즈(Riot Games)의 버추얼 아이돌 공연에서와 같이 AR 기술을 통해 가상 캐릭터와 실제 가수의 합동 공연이 실제 구현 가능해졌다.

또한 주목할 분야는 AI 기반 음향 기술 및 실시간 사운드 엔지니어링 분야라 할 수 있다. AI 기술을 통해 음향을 보정하고 최적화하는 기능이 가능해졌는데, 이를 통해 AI가 공연장 사운드 효과를 실시간 분석하고 음향을 자동 조정하는 것이 가능하다. AI 마스터링 시스템 랜더(LANDR)와 AI 믹싱 도구아이조톱 뉴트론(iZotope Neutron) 등이 대표적이다. AI가 실시간으로 관객 반응을 분석하여 공연의 흐름 조정하는 가우디오랩(Gaudio Lab)의 AI 음향 기술 등도 대표적인 활용 분야라 할 수 있다.

AI 기반 라이브 공연의 장점 및 한계점

AI 기술을 활용한 음악 관련 공연은 장점도 존재하지만 한계점도 여전히 존재한다. 데이터 기반 분석 최적화 측면에서 공연 기획의 효율성이 증가한다는 점, 가상현실이나 메타버스를 활용한 공연 경험의 확장성, AI 기반 음향 조정 및 자동화 기술 도입으로 인한 비용 절감, 실시간 관객의 반응을 분석한 인터랙티브 공연이 가능하다는 점 등은 분명 긍정적인 효과로 작용한다.

그러나 AI의 음악적 창의성 혹은 즉흥 연주에서의 기술적 한계와 인간과 AI 아티스트의 경계가 모호해지면서 발생하는 윤리적인 문제, AI와 감성을 기반으로 한 연주와 표현의 어려움 등 감성적 교감의 부족, 그리고 가장 중요하게 다루어지고 있는 저작권 및 법적 문제 등은 여전히 한계점으로 남는다.

산업적 측면에서 보면 AI와 인간 아티스트의 협업은 더욱 활성화될 전망이며, 가상현실(VR)과 메타버스를 활용한 공연 형태는 계속 증가할 것으로 전망된다. 인공지능 기술의 공연장 음향 및 무대 연출 정교화를 위한 다양한 역할 수행을 위해 관련 기술의 발달은 더욱 고도화될 것이며 AI 아티스트 및 가상 아이돌은 주류 공연 시장에서 더욱 확대될 것이다.

정리하면 AI는 음악 콘서트 및 공연 산업에 혁신적인 변화를 가져오고 있으며, 공연 기획의 보조적 역할 및 자동화, AI 뮤지션과의 협연, 실시간 음향 기술 자동화 시스템, 메타버스 및 VR 공연 등의 다양한 방식으로 활용되고 있다. 그러나 AI 기반 공연이 인간의 감성적 교감을 완전히 대체할 수 없으며, 저작권 및 윤리적 문제도 해결해야 할 과제로 남는다. 미래에는 AI와 인간 아티스트의 협업이 더욱 증가할 것이며 '기술'과 '예술'이 조화를 이루는 공연 형태가 더욱 확산될 것으로 전망된다.

참고문헌

고윤화(2020). 포스트코로나 시대, 3D 입체 사운드 기술과 언택트 공연의 진화. ≪Broadcasting and Media Magazine≫, 25(4), 25-34.

김민우 · 박지훈(2022). 인공지능과 공연 예술의 만남: 라이브 공연에서의 AI 기술 적용 사례 연구. ≪한국예술경영학회지≫, 36(4), 112-134.

이정훈(2021). AI 기반 음악 공연 기술의 발전과 미래 전망. ≪한국콘텐츠학회논문지≫, 21(3), 55-67.

Dixon, S.(2020). AI and live music: The future of performance and creativity. *Journal of Music Technology & Innovation*, 8(1), 45-62.

Hsu, W. & Sosnick, M.(2021). AI-generated music in concert: A study of audience perception and engagement. *Digital Music Studies*, 14(2), 78-95.

Pachet, F.(2016). Creativity and AI: Producing music with artificial intelligence. In Proceedings of the 9th ACM Conference on Creativity & Cognition.

Wang, G. & Essl, G.(2019). Machine learning for live music performance: Current trends and future directions. International Computer Music Conference(ICMC).

08

AI와 케이팝

SM 엔터테인먼트는 에스파의 아바타와 나이비스를 통해 새로운 세계관을 구축하고 JYP 엔터테인먼트는 IP 기반 산업을 확장중이며 하이브는 AI 보컬 및 음성 합성 기술에 집중한다. 케이팝 산업은 AI 기반의 음악 제작, 가상 아이돌 등장, 팬 맞춤형 관리 등 기술적 발전을 보여 주는 엔터테인먼트 산업의 대표적인 적용 사례를 보여 준다.

AI와 한의학?

SM 엔터테인먼트: 에스파와 나이비스, 새로운 세계관 구축

SM 엔터테인먼트는 AI 기술과 메타버스를 적극적으로 활용하는 대표적인 연예기획사다. 특히 케이팝을 중심으로 가상 아이돌, AI 보컬, 디지털 기술을 활용한 인공지능 기술의 다양한 시도를 이어 가고 있다. 2020년 데뷔한 에스파(AESPA)는 각 멤버들의 'AI 아바타'가 존재한다. 이들은 인공지능과 인간 멤버가 함께 활동할 수 있는 SM 컬처 유니버스(SM Culture Universe, SMCU)라는 세계관을 구축해 현존하는 에스파의 활동은 물론 이들의 온라인 버전인 AI 아바타(æ-aespa)를 만들어 가상세계에서의 활동과 온·오프 멤버들이 함께 활동 가능한 형태로 확장해 나아가고 있다. 여기서 핵심은 인간과 가상 캐릭터의 '상호 작용'이 가능하다는 점이다.

SM의 대표적인 그룹 에스파는 네 명의 현실 멤버들과 '아이(æ)'라 불리는 네 명의 아바타가 한 그룹의 멤버로 함께 활동하고 있다. 이들을 지지하는 신비로운 존재와의 서사를 통해 인간과 AI 기반의 가상 자아가 감정과 생각을 교류하며 공존하는 관계에 주목할 만하다. 이들은 메타버스 공간인 '광야(KWANGYA)' 속 '플랫(FLAT)'에 거주하는데 팬들을 베스트 프렌드(Best friend)라는 뜻의 '마이(MY)'로 부르며 소통한다. 에스파의 세계관 속에서 중요한 역할을 하는 '나이비스(nævis)'는 가상 세계와 현실 세계를 연결하는 조력자로 '아이(æ)'와 에스파 멤버 간의 상호 작용을 돕는 안내자 역할을 담당한다. 즉, 나이비스는 가상의 디지털 공간인 플랫과 현실 세계를 이어 주는 가교 역할을 하는 것이다. 한편, 에스파의 세계관에는 '싱크(synk)'라는 개념이 있는데, 이는 현실 멤버와 아바타가 서로 연결된 상태를 의미하며 싱크가 점차 발전하면 '리콜(rekall)'이라는 과정을 통해 아바타가 현실 세계로 등장하게 된다.

독립적인 아이돌로 데뷔한 나이비스의 스토리는 일종의 프리퀄(Prequel: 20세기에 만들어진 신조어로 '이전'을 뜻하는 접두사 'pre-'와 속편을 의미하는 'sequel'의 합성어로 기존 작품의 속편이나, 작중에서 다루는 시간대는 기존 작품의 과거인 작품)이라 할 수 있다. 에스파와 나이비스는 단순히 엔터테인먼트가 아니라 기술과 문화, 그리고 메타버스를 아우르는 융합적 콘텐츠의 새로운 장으로 이해할 수 있다. 이 외에도 2020년 보아(BoA)의 AI 커버곡은 AI 음성 합성 및 음악 제작 기술을 활용한 대표적인 예가 될 수 있으며 다양한 시도를 이어 가고 있다.

하이브와 JYP: AI 보컬 음성 합성 중점, IP 기반 산업 개발 시작

하이브(HYBE)는 투모로우바이투게더(TXT)의 AI가 특정 아티스트의 음색을 학습해 새로운 노래를 부르게 하는 프로젝트, 방탄소년단(BTS) 알엠(RM)의 AI 음성 합성 프로젝트 등을 통해 인공지능 기술을 빠르게 적용 중이다. AI 보이스 클론 기술을 활용해 방탄소년단 알엠의 목소리를 기반으로 한 AI 보컬 분석 연구도 진행 중이며 빌보드 차트, 유튜브 트렌드를 분석해 글로벌 히트곡 패턴을 연구하는 등 AI 활용에 적극적이다.

아울러 AI 기반 자동 작곡 시스템 도입을 검토 중에 있다. 블록체인 기술을 활용한 팬 플랫폼 위버스(Weverse)를 오픈 후 AI 챗봇 서비스 기능 추가를 검토 중이며 AI가 팬의 관심사에 맞춰 맞춤형 콘텐츠를 제공하거나 추천하는 서비스를 개발하고 있다. 또한 AI가 생성한 음악 및 이미지 콘텐츠를 대체 불가능 토큰(Non fungible Token, NFT) 형태로 제공하는 등 디지털 굿즈(goods) 개발에서도 적극적인 행보를 보이고 있다.

AI 자회사 수퍼톤은 실시간 음성 변환 서비스인 '시프트'를 개발 중이다. 시프트는 이용자 목소리를 캐릭터 10여 개 중 하나로 바꿔 주는데 기존 기술로는 3~5초 정도

소요되던 시간을 0.05초로 단축해 빠르게 변환 가능하다. 음 높낮이, 실제 목소리 합성 비율, 억양 세기 등도 수정할 수 있으며 자신의 목소리를 바꿔 가며 실시간 대화가 가능하다는 점이 특징적이다. 수퍼톤은 유튜브를 비롯한 온라인 동영상 서비스(OTT) 시장을 공략하여 하이브 소속 아티스트 혹은 하이브 지식재산권(IP) 캐릭터의 목소리를 활용하는 전략적 방향성을 보인다. 하지만 실제 사람 목소리는 자칫 오남용될 우려가 있어 당장 적용되기 쉽지 않을 것으로 전망되며 지식재산권 공급사와 협의에 의해 캐릭터 음성을 생성하는 데 집중할 것으로 예측된다.

앞서 언급한 바대로 음성 생성 기술은 악용될 소지가 크다. 이미 보이스피싱에선 신종 사기 수법으로 이용되고 있으며 10초가량의 음성 샘플을 확보하면 AI로 범죄 대상의 가족 목소리를 흉내 내는 게 가능하다. 미국 연방통신위원회(FCC)는 사기 범죄를 우려해 자동 녹음 전화에 AI가 만든 음성을 적용하는 것을 2월 불법으로 규정하기도 했다.

이러한 문제점을 피하기 위해 빅테크 기업들은 음원에도 워터마크를 넣어 오남용을 줄이려 하고 있다. 메타(Meta)는 음원용 워터마크 생성 기술인 '오디오실'을 공개해 사람이 듣지 못하는 미세한 음을 배열한 뒤 이를 검출기로 걸러 내 원본과 가짜를 판별하는 기능을 개발했다. 한편 구글이 지난해 말 도입한 워터마크 기술은 음원 주파수를 시각화한 이미지에 워터마크를 심는 방식이다. 음성 대화가 가능한 AI인 'GPT-4o'를 내놓은 오픈AI도 TTS 서비스인 '보이스엔진'에 워터마크 기능을 적용했다. 핀드롭, AI올낫, AI보이스디텍터처럼 AI가 만든 음성을 걸러 내는 기업도 등장하기 시작했다. 이러한 흐름 속에 수퍼톤은 '수퍼톤 시프트'를 자체 개발해 낸시(NANSY, Neural Analysis & Synthesis)를 바탕으로 사용자 목소리를 분석, 원하는 캐릭터의 목소리로 바꿔 주는 서비스를 출시했다.

2024년 12월, JYP 엔터테인먼트의 자회사 JYP360는 사명을 블루 개러지(Blue Garage)로 변경했다. 기존 지식재산권(IP) 기반 사업을 운영하는 데 그치지 않고 플랫폼과 AI 기술을 중심으로 한 테크 혁신 기업으로 확장하려는 의도로 읽힌다. 이전 JYP360은 2021년 상품 기획(MD)과 커머스 중심의 IP 기반 사업을 전개하기 위해 설립된 회사였으나 현재는 인공지능 기술을 활용한 IP 상품 및 서비스 개발과 창의성을 융합한 콘텐츠 제작 중점 회사로 변경했다. JYP는 이를 기점으로 테크놀로지 중심의 IP 비즈니스 확장과 글로벌 시장 공략을 위한 전략을 모색 중이라고 언론을 통해 밝히기도 했다.

산업적 주요 특징

AI 기반 케이팝 제작 프로덕션 시스템

AI를 작사, 작곡, 편곡, 퍼포먼스 분석 등 다양한 제작 프로덕션 과정에 기술적으로 응용하는 사례가 늘어나고 있다. SM 엔터테인먼트의 '비욘드 AI(Beyond AI)', 고인이 된 가수 고(故) 유재하의 목소리를 복원해 신곡을 제작하거나 에스파의 가상 멤버들과 연동된 음악 제작, 방탄소년단(BTS) 프로듀싱 과정에서 멤버 개개인의 보컬 톤을 분석해 최적의 곡을 추천하는 시스템 적용 등이 대표적인 예라 할 수 있다. 또한 케이팝에는 퍼포먼스(댄스)가 중요한 요소라 할 수 있는데 국내 AI 기업 펄스나인(Pulse9)은 딥러닝을 이용해 자동으로 케이팝 스타일의 안무를 생성하는 기술을 개발하고 있다. 이 기술은 아이돌 그룹의 연습 과정에서 안무 창작의 보조 역할을 수행하는 것이 가능하다.

가상 아이돌 등장

케이팝 산업에서 가장 두드러지는 현상으로는 VR, 메타버스, AI 기술의 발전으로 인한 가상 아이돌의 등장 및 빠른 전개를 꼽을 수 있다. SM의 걸그룹 에스파는 현실 멤버(카리나, 윈터, 지젤, 닝닝)와 AI 기반의 가상 멤버 아이카리나(æ-Karina), 아이윈터(æ-Winter) 등이 공존하고 있으며 이들은 메타버스 세계관을 활용해 팬들과 소통하고 가상 멤버들이 뮤직비디오 및 콘텐츠에서 활동한다. 아포키(Apoki)는 현실 가수가 아니라 완전한 가상 캐릭터로 활동하는 독립형 AI 아이돌이다. 애니메이션 스타일의 토끼 캐릭터를 기반으로 한 이 아이돌은 유튜브와 SNS를 통해 팬들과 소통하며 케이팝 스타일의 음악을 선보이고 있다. 메이브(MAVE)는 2023년 데뷔했다. 모든 멤버가 100퍼센트 AI로 만들어진 가상 아이돌 그룹이며 카카오(Kakao)와 넷마블(Netmarble)의 AI 기술 결합으로 음성 합성, 안무 생성, 표정 연기까지 AI로 구현해 인공지능을 활용한 가상 아이돌의 빠른 기술적 발전을 보여 주는 대표적인 예가 될 수 있다.

팬덤 맞춤형 관리

AI와 빅데이터 분석을 통해 케이팝 기획사들은 개별 팬의 취향을 분석하고 개인 맞춤형 콘텐츠를 제공하고 있다. 하이브의 대표적인 팬 플랫폼 위버스는 방탄소년단,

뉴진스, 세븐틴 등의 글로벌 팬덤을 위한 전문 플랫폼으로 알려져 있다. 여기서는 AI 기반의 자동 번역 기능을 통해 다국적 팬들이 쉽게 소통할 수 있으며 팬 맞춤형 콘텐츠 추천 기능도 강화되고 있으며 NFT 기술을 도입해 새로운 팬 경험을 제공한다. 그 밖에도 버블(Bubble)은 SM, JYP, 하이브 등의 소속 아티스트들이 참여하는 팬 커뮤니케이션 플랫폼이며 팬과 1대 1 메시징 서비스를 제공한다. AI를 이용해 팬과 아이돌이 직접 메시지를 주고받는 듯한 느낌을 주는 맞춤형 응답 시스템을 제공하는 것이 특징적이다. 또한 JYP는 특정 아티스트들의 음성 데이터와 대화 패턴을 학습해 개별 아티스트(혹은 팀)별로 AI 챗봇을 개발 중인데 이 AI 챗봇을 통해 팬들은 아이돌과 실제 대화하는 듯한 경험을 할 수 있다.

정리하면 AI 기술은 케이팝 산업에서 산업의 확장은 물론 효용성을 증대시켰다. 하지만 팬덤을 대상으로 한 맞춤형 콘텐츠의 상업적 이용, 인공지능 챗봇으로 인한 팬덤 문화의 왜곡, 데이터 편향 등에 따른 불공정 경쟁 심화의 우려가 존재하는 것 또한 사실이다. 공정하고 건전한 AI 기술 활용을 위해 산업적 측면에서의 수익 추구와 더불어 문화의 다양성 존중과 공정한 경쟁 환경 조성을 위한 노력과 논의가 필요하다고 볼 수 있다.

참고문헌

김수현 · 유지연(2021). 엔터테인먼트 영역에서의 메타버스 인식과 수용방식 연구: 에스파(aespa) 팬덤 사례를 중심으로. ≪한국엔터테인먼트산업학회논문지≫, 15(7), 1-15.

김대식·김혜연의 AHA(2024). AI 아바타와 공존하는 에스파, 그 자체가 혁신. https://www.asiae.co.kr/visual-news/article/2024112215212656786

박종삼(2021). K 콘텐츠 산업에 대한 소고. ≪문화산업연구≫, 21(3), 193-200.

송정은(2024). 감성 AI 확산에 따른 문화콘텐츠 산업 쟁점 및 발전 방안: 가상 K-Pop 아이돌 사례를 중심으로. ≪GRI 연구논총≫, 55-76.

양승규(2024). [문화산책] AI와 음악산업의 미래. ≪경기일보≫. https://www.kyeonggi.com/article/20241021580108

이주현(2024.5.19). 격전지 된 음성 AI…하이브도 가세한다. ≪한국경제≫. https://www.hankyung.com/article/2024051980371

최영신(2024). 생성형 인공지능과 대중음악 산업구조 변화. ≪한국엔터테인먼트산업학회논문지≫, 18(9), 129-138.

한국저작권위원회(2024). 생성형 AI 음악 시장 현황.

09

AI와 저작권

AI 기술이 음악 산업에 빠르게 확장 및 적용되면서 관련 법적 · 윤리적 문제도 중요해졌다. 특히 AI가 제작한 음악의 저작권 문제는 음악 창작자의 정의, 표절 기준 등 다양한 논란을 낳고 있다. 이러한 문제를 해결하기 위해서는 새로운 기준의 저작권 법률 제정, 데이터 보호 강화, 기술적 검출 시스템 등이 개발되어야 하며 AI 창작과 저작권자 사이의 균형을 맞추기 위한 심층적 논의가 요구된다.

AI와 화장품?

AI 저작권 문제

전통적으로 저작권은 '창작자(인간)'에게 부여된다. 즉 인간이 만든 음악(곡)의 저작권은 음악(곡)을 만든 작곡가에게 귀속된다. 그런데 인간이 아닌 인공지능이 만든 음악(곡)의 저작권은 누구에게 있을까? 인공지능은 창작자로 인정될 수 있을까? 인정된다면 저작권의 실제적 권리(수익 등)는 인공지능을 만든 개발자에게 있을까? 이에 대한 고민은 이미 인공지능이 생성한 음악이 만들어지던 시기부터 논의가 되었으나 여전히 지금까지 명확하게 규정되어 있지 않다. 현행법상으로 인공지능은 창작물에 대한 저작권자로 인정받기 어려우며 인공지능을 통해 생성한 음악이 원작자의 동의 없이 제작되거나 유포될 경우에는 저작권 침해 소지가 크다. 또한 AI가 음악을 생성하기 위해 기존 음악 데이터를 학습하는 '과정'에서 저작권 침해 문제가 발생할 수 있다. 다시 말해 AI가 저작권이 있는 곡을 무단으로 학습하거나 생성된 음악이 기존에 저작권이 있는 음악을 학습해 곡을 생성해 유사한 형태의 곡을 만들었다면 이것은 표절로 간주될 수 있다는 것이다.

인공지능을 개발하는 기업, 예를 들어 구글이나 오픈AI에서 개발한 인공지능이 생성한 음악의 소유권은 개발자에게 있을까 아니면 대표 기업에게 있을까? 인공지능을 활용한 음악과 인간 창작물의 경계에 대한 논란과 함께, 만들어진(생성된) 음악(곡)을 형성하는 여러 가지 요소들에까지도 저작권 이슈가 발생하고 있다. 이에 대해 영국은 AI가 생성한 음악에도 저작권을 인정하는 법안을 논의 중인 반면, 미국의 저작권청(USCO)은 AI가 창작한 음악에는 저작권을 인정하지 않는다는 입장이 지배적이다.

한국은 저작권법에서 '사람이 창작한 저작물'만 보호대상으로 규정하고 있으므로 인공지능이 생성한 음악의 저작권 인정 여부가 불분명한 상태다. 하나의 사례로, 한국음악저작권협회에서 AI 작곡가 이봄을, 이것이 작곡한 곡에 대해 저작권자로 등록했으나 이후 저작권료 지급을 중단한 사례가 있다. 앞서 언급한 대로 국내법으로는 현행 저작권법이 AI를 창작자로 인정하지 않기 때문이다.

또 다른 사례로, 오픈AI 주크박스(OpenAI Jukebox)가 다양한 음악 스타일을 학습해 음악을 생성했지만 원저작자의 허락을 받지 않은 것으로 논란이 된 바 있으며, 미국의 대표적인 래퍼 제이지(Jay-Z)의 목소리를 딥러닝한 AI가 제이지 스타일의 곡을 만들어 논란이 된 일 등 다수가 존재한다.

여기서 단순히 곡의 표절 외에 AI가 특정 아티스트의 특징적인 음악적 스타일을 모방하여 음악을 생성할 경우도 표절이라고 보았음을 알 수 있다. 그렇다면 인공지능은 어느 정도의 표절적인 과정 없이 독창적인 음악을 생성할 수 있을까?

기존 저작권법에서는 멜로디, 코드 진행, 가사 등 음악의 요소가 일정 수준 이상 유사하면 표절로 간주하고 있다. 그러나 AI가 생성한 음악(곡)이 기존 음악과 유사성을 지니지만 완전히 동일하지 않다면, 법적으로 표절로 인정할 수 있을지 논란이 되고 있는 것이 사실이다. 인공지능 작곡의 샘플링 및 유사성에 대한 판단 기준이 앞으로 더욱 논란이 될 것으로 예상된다.

법적 기술적 대응 방안

AI 음악 저작권을 위한 새로운 법률 제정

AI 개발 및 창작 분야가 산업계에서도 더욱 증가하면서 관련 저작권 문제가 중요한 현안으로 자리 잡고 있다. 현재 대부분의 국가에서 저작권은 인간 창작자에게 부여되지만 AI가 창작한 음악의 저작권을 누구에게 부여할지에 대한 법적 논란이 진행 중이다. 이를 해결하기 위해서는 AI가 창작한 음악에 대해 명확한 법적 기준을 설정하는 새로운 법률 제정이 필요하다. 이를 위해서는 AI가 만든 음악의 창작자 개념을 재정립하는 것이 필요할 것이며 궁극적으로는 AI 개발자와 사용자가 공정한 권리를 가질 수 있는 구조를 만들어 갈 수 있도록 하는 것이 중요하다고 볼 수 있다.

AI 학습 데이터의 저작권 보호

AI는 기존의 음악 데이터를 학습하여 새로운 음악을 생성할 수 있다. 이 과정에서 AI가 학습한 데이터에 대한 저작권 문제는 매우 중요하게 다뤄지고 있다. AI가 사용한 원본 데이터가 저작권을 침해하는 경우, AI가 생성한 음악 역시 저작권 침해의 우려가 있을 수 있기 때문이다. 이를 해결하기 위해, AI 학습 데이터에 대한 저작권 보호를 강화하고 원저작자에게 일정 수익을 공유하는 제도적 마련이 요구된다. 예를 들어, AI가 학습한 데이터를 추적하고 이를 기반으로 생성된 음악에 대해 원저작자에게 일정 비율의 수익을 자동으로 지급하는 라이선스 시스템을 개발하는 것이다. 이러한 시스템은 원저작자에게 공정한 보상을 제공하는 동시에, AI 창작과 활용을 촉진하는 계기가 될 수 있을 것이다.

블록체인 기술을 활용한 AI 음악 저작권 관리

AI가 생성한 음악에 대한 저작권 관리의 신뢰성과 투명성을 높이기 위한 기술적 대응 방안으로 블록체인 시스템이 하나의 대안이 될 수 있다. P2P(peer to peer) 네트워크를 기반으로 하는 블록체인 기술은 수많은 데이터를 중앙 중심 서버가 아닌 분산형으로 저장하고 그 변경 내역을 추적할 수 있는 특성을 가지고 있다. 따라서 인공지능이 생성하기 위해 학습한 원저작자의 저작권을 안전하고 투명하게 관리할 수 있다. 예를 들어, 오디우스(Audius)는 블록체인 기술을 이용하여 음악 저작권 보호 시스템을 구축한 사례로, 이는 음악가들이 직접 자신의 음악에 대한 권리를 제어하고, 수익을 분배받을 수 있다. 블록체인 기술을 통해 음악의 생성부터 배포까지 모든 과정이 기록되고 추적되어, 원저작자와 AI 사용자가 공정한 권리를 가질 수 있는 시스템 마련이 하나의 대안이 될 수도 있을 것이다.

AI 음악 검출 시스템 개발

AI가 생성한 음악이 기존 음악의 저작권을 침해하는지 여부를 판단하는 기술 개발도 중요한 대응 방안 중 하나라고 볼 수 있다. 이를 위해, AI 음악 검출 시스템을 구축해 AI가 생성한 음악과 기존 음악의 유사도를 분석하는 것이다. 예를 들면, 샤잠(Shazam)과 같은 음악 인식 기술을 고도화 발전시켜, AI가 생성한 음악이 기존 음악과 얼마나 유사한지 원저작권을 침해하는지 혹은 침해하는 수준이 어느 정도인지 판별할 수 있는 시스템을 개발하는 것이다. 이 기술은 AI가 생성한 음악이 기존의 저작권을 침해하는지 여부를 신속하게 판단할 수 있도록 도와주며, 음악 산업에서 발생할 수 있는 저작권 분쟁을 최소화하는 데 기여할 수 있다.

인공지능 기술이 생성한 음악에 대한 저작권 문제를 해결하기 위해서는 법적, 제도적 장치가 필요한 시점이다. 저작권법 개정을 통해 AI가 창작한 음악에 대한 명확한 저작권 규정을 마련되어야 하며 AI 학습 데이터의 저작권 보호를 강화하는 방안이 더욱 적극적으로 논의되어야 한다. AI 기술의 발전은 음악 산업에 새로운 가능성을 열어 주는 동시에 저작권과 관련된 다양한 복잡한 문제를 야기한다. 새롭게 등장하는 문제들을 해결하기 위해 법적, 기술적, 윤리적 차원에서의 다각적인 접근과 논의가 필요하다고 볼 수 있다.

참고문헌

고윤화(2018). 블록체인 시스템을 활용한 음악 산업 동향 분석 및 미래 가치 전망. ≪방송공학회논문지≫, 23(5), 701-713.

김혜성(2018). 인공지능(AI)을 이용해 작곡한 음악저작물의 저작권 보호. ≪LAW & TECHNOLOGY≫, 14(2), 20-32.

김현철(2024). [미국] 美 저작권청, 저작권 등록 지역별 분석 보고서 발간. ≪저작권동향≫, 제18호. 한국저작권위원회.

손승우(2016). 인공지능 창작물의 저작권 보호. ≪정보법학≫, 20(3), 83-110.

이양복(2018). 인공지능 창작물에 대한 법적 쟁점. ≪경영법률≫, 29(1), 369-401.

임효성(2019). 인공지능을 활용한 음악창작과 저작물성. ≪계간 저작권≫, 32(2), 37-73.

최재서 · 민영(2024). 생성형 AI 콘텐츠 수용 및 거부 의도에 영향을 미치는 요인 연구: AI 커버 음악을 중심으로. ≪방송통신연구≫, 153-186.

AI Matters(2024.12.20). AI가 만든 작품, 저작권 인정받을 수 있을까? 생성형 AI와 법적 갈등의 미래. https://aimatters.co.kr/news-report/ai-report/9465

10
AI와 음악 산업의 미래 가치

AI 기술의 발전은 음악 산업의 패러다임을 변화시키고 있다. 이러한 기술적 혁신은 아티스트, 제작자, 유통업체, 소비자 모두에게 새로운 가치를 제공하며 긍정적 측면도 크지만 동시에 부정적 측면과 해결해야 할 문제점도 적지 않다. 향후 디지털 음악 산업에서의 AI기술의 활용은 더욱 커질 것으로 전망되며 관련 산업 분야의 방향성과 가치 정립에 대한 논의가 필요한 시점이다.

종교와 AI?

AI를 활용한 음악 산업의 긍정적 효과 및 특징

첫째, 생산적 측면에서, 인공지능 기술의 활용은 음악 작사 작곡은 물론 제작 전 과정을 포함하는 창작의 새로운 패러다임 전환을 일으켰다. 아마추어는 물론 전문 작곡가들이 창작하는 방식을 변화시켰으며 더 많은 사람들이 창작에 참여할 수 있는 기회를 제공했다. 또한 인공지능 기반의 제작 도구는 누구나 손쉽게 고품질의 음악을 창작할 수 있도록 돕는 보조적 역할을 수행했으며, 그 결과, 음악 시장은 더욱 다양화되었고 다변화됐다.

둘째, 소비적 측면에서, 빅데이터와 사용자 데이터 분석을 기반으로 한 인공지능의 개인 맞춤형 음악 추천 시스템은 개인화된 음악 경험을 더욱 강화했다. 실제 이 부분은 부정적 요인으로도 작용 가능하지만, 기본적으로 음악을 듣는 리스너, 음악 소비자들에게 대규모의 음악 데이터를 분석해 실시간 트렌드를 반영한 새로운 아티스트 혹은 음악을 개인 맞춤형으로 제공하고 사용자가 좋아하는 아티스트와 유사한 스타일의 곡이나 아티스트를 추천해 줌으로써 사용자 스스로 취향을 늘려 갈 수 있도록 돕는 역할을 한다. 즉 음악의 소비 패턴을 제시하고 변화시키며 더 많은 음악 소비자들이 다양한 음악을 접할 수 있도록 돕는 역할을 한다.

셋째, 기술적 측면에서, 인공지능 기술의 발달은 음악 제작 과정에서 효율성을 극대화하고 창작 도구로서의 가치를 높였다. 이를 통해 작곡가, 음향 기술자, 프로듀서 등 음악 제작 관련 전문인들의 작업 시간과 자원을 줄여 주었으며 인간이 보다 창의적인 작업에 더욱 집중할 수 있도록 부수적인 업무의 보조적 역할을 수행할 수 있다.

넷째, 마케팅적 측면에서, 인공지능은 대규모의 음악 관련 데이터는 물론 산업적 데이터를 분석 가능하다. 예를 들어 사회적 이슈나 전 세계적으로 유행을 일으키고 있는 문화적 트렌드 , 스타일 혹은 특정 키워드를 기반으로 음악 산업의 마케팅과 프로모션 전략에 적극적으로 활용이 가능하다.

AI를 활용한 음악 산업의 부정적 요인 및 특징

앞서 언급한 긍정적 효과들이 많음에도 불구하고 부정적 요인과 해결해야 할 문제점도 존재하며 구체적인 내용은 다음과 같다.

첫째, AI의 활용이 확산되면서 기존 음악 산업 분야 종사자 특히 음악 창작자들의 역할이 줄어들고 변화하기 시작했다. AI 기술 기반의 음악 창작 도구는 인간 작곡가, 음향 기술 전문인, 프로듀서 등이 담당하던 창작 관련 작업의 일부를 대체하기 시작했으며 이는 관련 종사자의 일자리 감소 현상을 가져왔다.

둘째로는, 인공지능 기반의 기계가 만든 음악이 과연 인간 고유의 음악적 감성과 고유성을 대체할 수 있는가에 대한 부분이다. 결론부터 말하자면 인간과 인공지능이 동일시될 수는 없으며 필자 개인적 소견으로는 아무리 인공지능이 발전을 해도 인간의 보조적 수단으로서 그 기능이 제한되어야 한다고 생각한다. 흔히 인공지능 생성한 음악에 대해 "영혼이 없는" 혹은 "디지털의 기계적인 사운드"라는 수식어가 붙는 이유다. 다시 말해 기술적으로는 인간보다 더 뛰어난 종합적인 인지 학습 추론 능력을 발휘할 수는 있겠지만 궁극적으로 그 기능은 결국 인간의 삶을 풍요롭고 질을 높이기 위한 수단으로 이루어져야 한다는 점이다. 다시 정리하면 프로그래밍된 입력 데이터를 통해 만들어지는 인공지능의 창작물이 인간 고유의 창작물을 대체하게 될 경우, 인간 고유의 음악적 감성과 고유성은 희석될 가능성이 존재하며 이를 '예술'이라고 보기는 어렵다.

셋째로, 저작권 및 윤리적 문제를 들 수 있다. 인공지능이 부분적으로 혹은 완전히 생성한 음악의 소유권은 누구에게 있다고 볼 수 있을까? 이 질문은 여전히 해결하기 어려운 문제다. AI 데이터를 활용하고 프로그래밍한 사람에게 있을까, 혹은 이 회사를 운영하는 대표에게 있을까? 정답은 아직 없다. AI가 만든 음악의 소유권이 AI 개발자나 기업에게 있는지, 이를 생성한 알고리즘에 따른 법적 권리가 누구에게 주어져야 하는지에 대한 논의의 해답은 여전히 명확하지 않다. 또 AI가 기존의 저작권 있는 음악을 학습하여 새로운 곡을 만드는 과정에서 저작권 침해 문제가 발생할 수도 있다. 이는 AI가 무단으로 데이터를 학습하거나, 기존 작품을 모방하여 유사한 음악을 만들어 내는 경우에 발생한다. 또한 AI가 만들어 낸 음악이 인간의 감성과 고유성을 대체할 수 있는지에 대한 윤리적 문제도 남아 있다. 인공지능의 음악 창작이 인간 고유의 예술적 감각과 창작 과정을 대체한다면, 음악이 가지는 '예술성'과 '진정성'에 대한 우려가 커질 가능성이 크다.

또한 AI가 생성한 음악이 음악 스트리밍 플랫폼에서 다량으로 서비스되면서 특정 아티스트에 대한 인지도가 줄어드는 효과를 가져 올 수 있다. 즉, 기존에는 누가 작곡을 한 곡이고 누가 연주를 한 곡인지가 중요했다면 인공지능이 만든 음악은 특정 상황이나 기능적 측면에서 만들어진 곡이다 보니 기존 아티스트 중심에서 벗어나는 측면이 존재한다.

마지막으로 음악 제작 과정에서 느낄 수 있는 즐거움의 요소가 줄어드는 효과를 가져 올 수 있다. 인간은 예술이나 문화 창작 활동을 하면서 '효율성'이 아닌 과정의 '즐거움'을 추구한다. 악기를 연주하는 과정에서 인간과 인간이 서로 소통하고 아이디어를 공유하는 그 과정이 사실 즐거운 것이다. 그런데 인공지능에 의해 만들어지는 음악은 그 과정이 존재하기 어렵다. 빠른 시간 안에 필요한 요소들을 적재적소에 배치하는 효율적 측면은 극대화되고 있지만 근원적인 질문, 즉 인간은 왜 예술 창작 활동을 하는가에 대한 질문에는 지금까지 개발된 인공지능 음악은 긍정적 답변을 주기 어렵다.

AI 기반의 디지털 음악 산업이 나아가야 할 방향과 미래적 가치

앞서 언급한 내용들을 통해 인공지능 기술 활용이 음악 산업에 미친 다양한 효과와 요인들을 알 수 있었다. 디지털화 이후 빠르게 가속화되고 있는 인공지능 기술의 발달은 음악 산업에 미치는 영향이 크며 앞으로 그 가치와 잠재력은 더욱 확대될 것으로 전망된다. 그렇다면 향후

AI 기반의 디지털 음악 산업의 방향성과 미래 가치는 무엇일까.

창의와 혁신으로서의 AI

AI는 음악 작곡과 편곡의 과정을 혁신적으로 변화시키고 있다. AI는 특정 스타일의 음악을 분석하고, 이를 기반으로 새로운 음악을 창작하는 능력을 지닌다. 개인적 차원에서 인간 한 명 한 명이 지닌 능력을 인공지능은 빠른 시간 안에 학습하고 종합하는 기능을 통해 새로운 '창의'적 음악을 창작할 수 있다. 현재 수준의 능력은 100퍼센트 만족하기 어렵다는 것이 업계 종사자들의 대체적인 의견이지만, 지금과 같은 속도로 데이터가 축적되고 이를 활용하는 기술적 능력도 고도화된다면 인간과는 다른 형태의 '창의'적 작품을 생성할 가능성도 있다고 예측할 수 있다. 창작품뿐만 아니라 음악을 가르치는 교사로서 휴머노이드 인공지능 로봇 개발도 가능하다. 현재는 로봇이 일부 영역에서만 상용화되고 있는 정도지만 더욱 확대될 것으로 전망된다.

인간의 보조적 수단으로서의 AI

AI는 음악 작곡가들이 아이디어를 탐색하고 창의성을

발휘하는 데 보조적 역할을 한다. 이러한 AI의 기능은 기존 인간의 창작 과정에 더 많은 효율성을 부여할 수 있다. 또한 예술성을 강조하는 창작 과정보다 대중적이고 상업적인 용도로서의 창작물, 즉 음악 트렌드에 맞는 배경음악 등을 창작하는 데 아주 유용하게 쓰일 수 있다. AI는 더 많은 아티스트들이 창작을 빠르게 그리고 적은 비용으로 할 수 있도록 돕는다.

상업적 전략 분석 도구로서의 AI

상업적 과정에서 AI는 중요한 데이터 분석 도구로 사용 가능하다. 구체적으로는 마케팅 전략과 판매 예측을 통해 음악 소비 패턴을 분석하고 예측하는 데 전략적 도구로 활용할 수 있다. AI는 대량의 데이터를 분석하여 소비자의 선호도, 트렌드, 시장 수요 등을 정확히 예측할 수 있다. 뮤직 빅데이터 분석을 통해 아티스트들이 자신들의 활동을 최적화할 수 있는 방법을 제시하는 역할도 가능할 것이다. 아울러 AI는 데이터 분석을 통해 아티스트들이 글로벌 트렌드를 빠르게 파악하고, 보다 맞춤화된 전략을 제시할 수 있으며 음악 산업에 대한 예측 모델을 통해 더 나은 비즈니스 결정을 내릴 수 있는 기반을 마련하는 역할이 가능하다.

인간을 연결해 주는 매개자로서의 AI

기획사가 제공하는 플랫폼을 통해 아티스트(뮤지션)와 팬을 연결하고 새로운 팬 층을 확장할 수 있는 기회를 제공하는 데 유용한 수단이 될 수 있다. AI는 소셜 미디어 분석, 팬 참여도 측정, 맞춤형 콘텐츠 추천 등을 통해 팬과 아티스트 간의 연결을 강화하고 새로운 팬을 유입시키는 데 기여할 수 있다. 더 나아가 AI는 언어 장벽을 넘어선 소통을 가능하게 한다. 실시간 번역 기능을 통해 아티스트는 전 세계 팬들과 직접 소통할 수 있으며, AI 기반 챗봇은 팬들의 질문에 즉각적 답변을 내놓음으로써 팬덤 활동을 지원할 수 있다. 또한 AI는 팬들이 제작한 콘텐츠를 분석하여 아티스트에게 전달하고, 아티스트는 이를 통해 팬들의 니즈를 파악하고 소통을 강화할 수 있다. 궁극적으로 AI는 아티스트와 팬, 그리고 팬과 팬 사이의 더욱 깊고 의미 있는 연결을 돕는 역할을 할 수 있다.

AI 기술은 음악 산업에서 창작, 유통, 소비 경험을 혁신적으로 변화시키고 있으며 AI를 통한 음악의 개인화, 자동화, 예측 및 데이터 분석은 음악 산업의 미래를 형성하는 중요한 요소로 작용할 것으로 기대된다. 향후 AI 기술의 발전은 인간과 협업을 통해 음악 산업의 미래 가치를 높이고 지속가능한 형태의 발전을 모색하는 데 초점을 맞춰야 할 것이다.

참고문헌

방준식(2023). 인공지능(AI)과 일자리－직업능력개발을 중심으로－. ≪노동법포럼≫, (39), 313-337.

엄효진 · 이명진(2020). 인공지능(AI) 기반 지능정보사회 시대의 노동시장 변화: 경제사회학적 접근을 중심으로. ≪정보사회와 미디어≫, 21(2), 1-20.

Alem, J.(2024). The impact of artificial intelligence on the music industry(Doctoral dissertation).

Novikova, K.(2024). Future of artificial intelligence in music industry: The connection between generative AI and music production.

The Guardian(2024.12.4). Music sector workers to lose nearly a quarter of income to AI in next four years, global study finds. https://www.theguardian.com/music/2024/dec/04/artificial-intelligence-music-industry-impact-income-loss

고윤화

한국학중앙연구원 태학사 연구원, 서울대 아시아연구소 한류 연구센터 공동연구원이다. 서울대학교 작곡과(이론 전공) 및 동 대학원을 졸업했다. 연세대학교 사회학과에서 디지털 음악 산업의 사회학적 구조 분석을 주제로 박사학위를 받았다. 벅스·네오위즈에서 음악 콘텐츠 제작 및 기획자로 일했으며, 국립경찰대학교 교양학과 외래교수, 경희대학교 국제대학원 응용예술학과 겸임교수, 숭실사이버대학교 엔터테인먼트학과 특임교수, 한국대중음악학회 학술연구이사, 한국싱어송라이터협회 이사직을 역임했다. 현재 이화여대에서 음악 산업과 사회학 관련 강의를 하고 있으며, 문화기술융합 컨소시엄(AFA) 디렉터로 문화 콘텐츠 산업 분야와 학계의 가교 역할을 하고 있다. 공저서로 『예술경영과 예술행정』(2020), 『음악의 이해와 감상』(2020), 『K컬처 트렌드 2023』, 『K컬처 트렌드 2024』, 『K컬처 트렌드 2025』 등이 있으며, "블록체인 시스템을 활용한 음악 산업 동향 분석 및 미래 가치 전망", "포스트코로나 시대, 3D 입체 사운드 기술과 언택트 공연의 진화" 등의 논문을 발표했다. 디지털화에 따른 음악 산업의 구조 분석과 음악의 사회적 기능 변화에 연구의 초점을 맞추고 있다.